Les Éditions du Boréal
4447, rue Saint-Denis
Montréal (Québec) H2J 2L2
www.editionsboreal.qc.ca

Le Moyen Âge

DU MÊME AUTEUR

Tarascon au XIVe *siècle. Histoire d'une communauté urbaine provençale,* Aix-en-Provence, Édisud, 1979.

[dir.] *Vie privée et ordre public à la fin du Moyen Âge. Études sur Manosque, la Provence et le Piémont (1250-1450),* Aix-en-Provence, Publications de l'Université de Provence, 1987.

[avec G. Gouiran] *Potentia. Le Livre des États de Provence. Édition, notes et commentaires,* Paris, Éditions du Comité des travaux historiques et scientifiques, « Collection des Documents inédits de l'histoire de France », 1996.

Michel Hébert

Le Moyen Âge

Boréal

Les Éditions du Boréal reconnaissent l'aide financière
du gouvernement du Canada par l'entremise du Fonds du livre
du Canada (FLC) pour leurs activités d'édition et remercient
le Conseil des Arts du Canada pour son soutien financier.

Les Éditions du Boréal sont inscrites au Programme d'aide
aux entreprises du livre et de l'édition spécialisée de la SODEC
et bénéficient du Programme de crédit d'impôt pour l'édition
de livres du gouvernement du Québec.

Maquette de la couverture : Olivier Lasser

Dépôt légal : 3e trimestre 1996
Bibliothèque nationale du Québec

Diffusion au Canada : Dimedia
Diffusion et distribution en Europe : Volumen

Données de catalogage avant publication (Canada)
Hébert, Michel, 1948-
Le Moyen Âge
(Collection Boréal express ; 14)
Comprend des réf. bibliogr.

ISBN 978-2-89052-770-6

1. Moyen Âge – Histoire. 2. Europe – Histoire – 476-1492. 3. Civilisation médiévale. I. Titre.

D117.H36 1996 940.1 C96-940698-3

Sommaire

Introduction

Siècles de fer où triomphe la barbarie de ces rudes guerriers traînant leurs femmes par les cheveux. Temps des bûchers allumés par l'intolérance d'une caste de prêtres fanatiques. Temps des famines et des épidémies où les rares survivants d'une peste galopante, dévorés par la faim, consumés par la lèpre, errent sans foyer. Moyen Âge de l'ignorance et de l'obscurantisme, des ceintures de chasteté, des femmes dépourvues d'âme, de la Terre plate.

Ces images pourtant familières sont toutes fausses, à quelques nuances près. Toutefois, elles s'imposent à notre civilisation avec tant de force qu'on n'arrive guère à les effacer.

Moyen Âge, âge d'or d'une vie simple et proche de la nature. Temps de l'égalité perdue entre l'homme et la femme, du rude labeur du paysan protégé par un seigneur paternel et généreux sous la bénédiction d'une Église pourvoyeuse de réconfort spirituel et distributrice d'aumônes à tous les démunis. Images non moins fausses, mises à la mode par un courant historique et littéraire récent, préoccupé de réhabiliter une époque trop souvent décriée.

Comment s'y retrouver parmi des jugements aussi catégoriques et en apparence irréconciliables sur une époque qui exerce tant de fascination sur notre civilisation contemporaine ? Et si toutes ces images mentent, alors qui a raison ? Qu'est-ce donc que le Moyen Âge ? Est-il possible, sinon d'en dévoiler les secrets, du moins de jeter un peu de lumière sur une période qui est certainement la plus mal connue de l'histoire du monde occidental ? C'est ce que nous allons tenter de faire dans ce volume.

En règle générale, on fait aujourd'hui commencer le Moyen Âge en l'an 476. Cette date, si conventionnelle soit-elle, est un repère clair et pratique qui a l'avantage d'associer le début du Moyen Âge à la chute de l'Empire romain. En effet, dans la ville de Rome, en cette année 476, le chef ostrogoth Odoacre, roi « barbare » – nous y reviendrons plus loin –, dépose le dernier empereur romain d'Occident, le jeune Romulus Augustulus (« le petit Auguste »). Qui plus est, il renonce pour lui-même au titre impérial, ce qui indique une incontestable volonté de rupture avec le système et les idées politiques de la romanité.

En fin de période, on retiendra aussi comme charnière une date associée à l'histoire politique. Et la date de 1453 s'imposera en tant que frontière entre le Moyen Âge et la Renaissance, elle qui désigne à la fois la fin de la trop célèbre guerre de Cent Ans (qui opposait depuis 1337 la France et l'Angleterre) et surtout, au regard du destin de l'Europe, la prise de Constantinople par les Turcs. On verra l'importance considérable de cet événement pour l'identité européenne. Qu'il suffise pour l'instant de montrer la parenté entre les dates de 476 et de 1453. Constantinople étant la capitale de l'Empire byzantin, lui-même héritier de l'ancien Empire romain d'Orient, sa chute marque la fin de Byzance et donc de l'empire d'Orient, exactement comme 476 avait marqué la fin de l'empire d'Occident.

Deux repères solides, deux empires qui tombent. Le Moyen Âge se trouve entre les deux. Cependant, la période que l'on définit ainsi comme intermédiaire entre l'Empire romain et la Renaissance ne se comprend pas en dehors d'un certain cadre géographique, relativement bien délimité, qui correspond, en gros, à l'Europe actuelle et surtout à l'Europe occidentale. Car si l'Empire romain, dans sa plus grande extension, occupait tout le pourtour de la Méditerranée et s'étendait, au nord, jusqu'à la Belgique et l'Angleterre actuelles, l'empire d'Occident légué par Théodose à son fils Honorius était beaucoup plus restreint : limité au nord et au nord-est par ces deux grands fleuves et frontières naturelles que sont le Rhin et le Danube, il était séparé de l'empire d'Orient par une ligne de démarcation nord-sud qui traversait la province d'Illyrie (c'est-à-dire, grosso modo, l'ancienne Yougoslavie) et, au sud de la Méditerranée, l'actuelle Libye. Il occupait donc un territoire qui correspond aujourd'hui, d'une part, à l'Europe occidentale (au nord de la Méditerranée) et, d'autre part, à l'Afrique du Nord, essentiellement le Maghreb (au sud de la Méditerranée). Comme on le verra, le versant sud de la Méditerranée connaîtra très vite un destin particulier, de telle sorte qu'on peut dire sans trop de risque d'erreur que, dans l'histoire générale des civilisations, la période qu'on appelle Moyen Âge est une période propre à l'histoire de l'Europe occidentale. Le récit que nous en esquisserons dans cet ouvrage se limitera donc, sauf indication contraire, à l'histoire de l'Europe.

Est-ce à dire que l'histoire des autres grandes civilisations, celle de l'Islam classique, par exemple, celle de la Chine, celles des Aztèques ou des Mayas, sont pour nous sans intérêt ? Non pas. Mais le concept même de « Moyen Âge » que nous nous proposons d'explorer ne peut pas s'appliquer à elles. Ces civilisations entretiennent des rapports soit fugaces soit inexistants avec la civilisation médiévale de l'Europe occidentale. Elles ne l'influencent que peu ou pas du tout et ne sont pas influencées par elles. Il n'est donc pas opportun de les évoquer ici, préoccupés que nous sommes du concept de Moyen Âge.

Chapitre I

Une longue survivance romaine

En 410 après Jésus-Christ, plus de mille ans donc après la fondation de Rome (753 avant J.-C.), le déferlement des soldats wisigoths d'Alaric sur l'Italie et la destruction partielle de la ville de Rome ont marqué l'esprit des contemporains avec tant de force qu'ils y ont vu la fin d'une époque. La civilisation qu'ils avaient édifiée à partir de l'héritage grec et répandue tout autour de la Méditerranée et bien au-delà se trouvait ébranlée sous les sabots de ces cavaliers barbares venus des plaines de l'Europe du Nord et de l'Est, parfois de la lointaine Asie. Augustin, évêque d'Hippone (dans l'actuelle Tunisie), l'un des plus brillants philosophes et polémistes de l'époque, en a été si affecté qu'il a entrepris la rédaction d'un ouvrage très pessimiste où il oppose à la cité terrestre, Rome, déchue, condamnée à périr à brève échéance, une cité céleste éternelle où triomphent la vérité et la justice, et dont l'avènement lui paraissait imminent. Sous le titre de *La Cité de Dieu,* cet ouvrage allait devenir l'un des livres les plus lus et les plus fréquemment cités pendant le millénaire qui allait suivre.

Mais si Augustin, comme plusieurs de ses contemporains, souligne si fortement l'avènement de temps nouveaux et le triomphe de la barbarie, même s'ils ont été frappés par des événements qui avaient valeur de symbole, la réalité historique est plus complexe. Il serait naïf de croire que l'édifice plus que millénaire de la civilisation gréco-romaine s'est effondré comme un château de cartes. Il serait tout aussi imprudent d'affirmer que cette mutation est seulement due aux assauts militaires des barbares conquérants.

En réalité, l'Empire romain des IVe et Ve siècles est un colosse bien fragile. Bien avant le début des invasions barbares, lézardes et fissures ont commencé à saper les fondations de l'ordre impérial. D'abord l'unité administrative et militaire cache mal une diversité culturelle qui deviendra vite un véritable fossé politique. En effet, les Romains avaient assimilé le monde grec sans jamais en étouffer la langue et la culture, bien vivantes encore dans tout le bassin oriental de la Méditerranée. Ce dualisme linguistique, Occident latin et Orient grec, est à la base de la grande fissure politique de la fin du IVe siècle. Lorsqu'à la mort de Théodose (395), l'Empire est devenu trop lourd à administrer à partir de Rome, ses fils et successeurs le partagent en deux moitiés. L'une, empire d'Occident, garde Rome pour capitale tandis que l'autre, empire d'Orient, est désormais gouvernée depuis Constantinople (que l'on appelle plus souvent de son ancien nom grec : « Byzance »), sur les rivages du Bosphore, à l'entrée de la mer Noire. Cette coupure Orient-Occident, qui suit en gros la frontière linguistique grec-latin, allait être définitive et jouer au détriment de Rome et des provinces d'Occident, désormais coupées des richesses matérielles de l'Orient et des richesses culturelles de la langue et de la civilisation grecques, bientôt oubliées à Rome.

Cette fracture politique et culturelle se complique, dans l'Occident du Ve siècle, d'un certain nombre de crises qui, en peu de temps, conduiront à l'effondrement. Crise démographique et économique qui, conjuguée à la difficulté de recruter de nouveaux esclaves, provoque une chute des effectifs militaires laquelle, à son tour, rend la frontière extrêmement vulnérable. Crise politique quasi permanente, liée essentiellement aux difficultés de la succession impériale (dont les règles, depuis César et Auguste au Ier siècle, n'avaient jamais été clairement définies). Crise enfin, et peut-être surtout, des valeurs. Les citoyens-soldats, naguère conquérants, sont ébranlés. L'Empire ne s'étend plus. Déchiré à l'intérieur, il est constamment soumis aux assauts des barbares de l'extérieur, qu'on redoute mais qu'on admire aussi pour leur force et leur courage. Les citoyens les plus riches, accablés par une fiscalité devenue franchement intolérable, quittent massivement les villes où ils sont soumis à des charges et à des responsabilités qu'ils ne veulent plus ou ne peuvent plus supporter pour se réfugier dans leurs grandes propriétés rurales. Loin des honneurs et des séductions de la vie culturelle, ils organisent dans ces *villæ,* de plus en plus souvent fortifiées, une vie autarcique, repliée sur les ressources de la propriété, qui préfigure le grand domaine et la seigneurie du Moyen Âge.

Enfin cette crise des valeurs rejoint une inquiétude religieuse que l'on peut associer au triomphe du christianisme. La religion romaine traditionnelle, avec son cortège de divinités, ne suffisait plus à répondre aux attentes spirituelles des Romains. La religion chrétienne s'était répandue très vite aux quatre coins de l'Empire et apportait aux esprits inquiets de cette période tourmentée des réponses nouvelles : aux misères transitoires de ce monde allait succéder le bonheur dans l'éternité mais, pour cela, il fallait renoncer au monde, renoncer aux richesses et se plier aux caprices d'un destin tout entier commandé par un Dieu tout-puissant. Il n'en fallait pas plus pour renforcer un sentiment de résignation devant une fatalité qui allait conduire à la disparition de l'Empire.

Cette fatalité, ce fut la vague d'invasions qui, dès le commencement du ve siècle, déferla sur les provinces occidentales de l'Empire et, à long terme, emporta ses structures politiques, administratives et économiques, et transforma en profondeur sa culture pour façonner très lentement une civilisation nouvelle, celle que nous appelons médiévale et dont nous allons maintenant nous occuper.

Invasions germaniques et royaumes barbares

Aux frontières immédiates de l'espace romain, à l'est du Rhin et au nord du Danube, au moment où l'Empire chancelle, se trouve une nébuleuse de populations de cavaliers nomades ou semi-nomades que tout semble opposer aux Romains : leur religion, leur mode de vie, jusqu'à leur conception du droit et de la famille paraissent radicalement différents aux rares citoyens de l'Empire qui s'aventurent sur leurs terres. Collectivement, les Romains les nomment *barbares,* c'est-à-dire étrangers. Étrangers à l'Empire évidemment, dont ils ne sont pas citoyens, mais surtout étrangers aux valeurs de la civilisation gréco-romaine. Ainsi le mot « barbare » devient-il très vite un terme péjoratif. Les barbares, tous peuples confondus, qu'ils soient goths, slaves ou berbères, ce sont d'abord et avant tout ceux qui ne sont pas civilisés au sens où les Romains l'entendent.

Dès lors, il nous est très difficile de bien connaître ces peuples tels qu'ils étaient avant d'entrer en contact avec le monde romain. Ils n'utilisaient à peu près pas l'écriture, et les seuls témoignages à leur sujet nous viennent soit des Romains eux-mêmes (bien peu objectifs), soit des découvertes archéologiques. Tout de même, quelques auteurs latins se sont risqués à nous brosser un tableau d'ensemble de leurs voisins les plus immédiats et les plus turbulents, les Germains : Tacite surtout, dès le Ier siècle (la *Germanie*). Leurs observations, conjuguées aux résultats des analyses archéologiques, permettent de dégager quelques grandes caractéristiques. Tout d'abord, derrière leur apparente diversité, ces peuples sont tous plus ou moins cousins entre eux (d'où le nom de *germains* que leur donnent les Latins) dans la mesure où leurs langues, leurs cultes et leurs modes de vie sont apparentés d'assez près.

Les peuples germaniques

Aujourd'hui, on classe les peuples germaniques en trois grands groupes en tenant compte aussi bien des langues qu'ils parlent que de l'espace qu'ils occupent à la périphérie de l'Empire romain. Un premier groupe, dit *occidental,* comprend essentiellement les Francs, les Angles, les Saxons et les Alamans. Établis à proximité immédiate de la frontière du Rhin, dans un espace qui s'étendrait aujourd'hui, en gros, de la Hollande à la Suisse, ils sont relativement sédentaires et pratiquent une forme d'agriculture qui leur permet de se fixer un certain nombre d'années sur le même territoire, dont ils épuiseront les ressources avant d'entreprendre de nouvelles migrations. Un second groupe, que l'on nomme *oriental,* plus mobile, parcourt les plaines de l'Europe centrale, du Danube et de la mer Noire jusqu'à la mer Baltique. Ce sont principalement les Goths (parmi lesquels on distingue un groupe oriental, *ostrogoth,* et un groupe occidental, *wisigoth*), les Burgondes et les Vandales. Peu enclins aux activités agricoles, ils représentent pour les Romains l'image type du cavalier barbare, chasseur et éleveur nomade, farouche guerrier toujours à la recherche de nouveaux territoires, présence hostile et menaçante aux portes mêmes de l'Empire. Enfin plus au nord, dans les actuels pays scandinaves, un groupe *nordique* comprend les peuples qui se feront connaître et redouter plus tard sous le terme générique de Vikings ou Normands (*Northmanni,* les hommes du Nord). Chasseurs pratiquant un peu d'agriculture, ils sont aussi d'habiles marins qui n'hésitent pas à lancer des expéditions lointaines bien au-delà des côtes du Danemark ou de la Norvège. Aux Ve et VIe siècles qui nous intéressent ici, ils sont encore peu touchés par les mouvements de population qui s'esquissent aux marges de l'Empire, et c'est seulement plus tard, à l'époque de Charlemagne, que de vastes migrations les mèneront jusqu'aux rivages de l'Europe du Nord et bien plus loin encore.

Derrière cette diversité, de nombreux traits communs unissent les peuples de la grande famille germanique. Les religions qu'ils pratiquent, pour autant qu'on les connaisse, sont assez semblables et toutes polythéistes : plusieurs dieux veillent aux activités de l'homme (les récoltes, la guerre) et commandent les forces de la nature (la foudre). Leurs structures familiales s'organisent autour du clan, groupe élargi de plusieurs noyaux conjugaux où l'autorité se partage entre les chefs de famille et où une étroite solidarité unit les membres à l'occasion des conflits pouvant surgir avec d'autres clans. Dans ces sociétés, la propriété privée n'a pas l'importance qu'on est habitué de lui reconnaître : les fréquents déplacements empêchent une réelle appropriation de la terre et l'étroite solidarité des membres du clan encadre, et limite forcément, la liberté individuelle : achats et ventes, mariages et successions, à des degrés divers, sont soumis à l'approbation collective du groupe, au-delà de la volonté individuelle de chacun.

Enfin, caractéristique peut-être plus importante encore, ces peuples ne connaissent pas la structure politique que nous appelons État. C'est une des raisons pour lesquelles ils sont parfois si difficiles à saisir. En perpétuel déplacement, ils n'imposent jamais leur loi sur un territoire clairement défini. Ayant des structures familiales et claniques très fortes, ils n'ont pas besoin d'une structure étatique pour maintenir les lois ou rendre la justice. L'ordre familial y pourvoit, en principe. Reste cependant le problème de la guerre, qui amène plusieurs de ces peuples à se doter d'une forme éphémère de royauté. La quête de nouveaux territoires conduit inévitablement ces hordes de cavaliers à entrer occasionnellement en conflit les unes avec les autres. En ce cas, plusieurs clans, plusieurs tribus s'unissent pour élire un roi qui est avant tout un chef de guerre. Son prestige lui vient surtout de sa valeur au combat. Son pouvoir est absolu sur le champ de bataille, mais prend fin avec le retour de la paix. Ce type bien particulier de royauté militaire et provisoire est une des institutions les plus spécifiques des sociétés germaniques et elle influencera fortement, nous le verrons, les structures politiques du haut Moyen Âge.

Mais il faut d'ores et déjà introduire un certain nombre de nuances à ce tableau. D'abord, les barbares au nord et à l'est de l'Empire n'appartiennent pas tous aux peuples germaniques. Ainsi, les populations du Nord-Ouest de l'Europe ne sont pas germaniques mais celtiques : Bretons, Scots et Pictes dans les îles Britanniques, Gaulois en Armorique (l'actuelle Bretagne). Les peuples les plus orientaux des steppes, en allant vers l'Oural et l'Asie centrale, sont soit des Slaves (les Bulgares par exemple), soit des Asiatiques originaires des plateaux de la Mongolie : Alains, Sarmates et Huns. Cependant les peuples germaniques demeurent les plus importants en raison des répercussions de leurs invasions sur l'Empire. En effet, si terribles qu'aient été leurs dévastations au Ve siècle, les Huns ne laissent guère de traces dans l'histoire de l'Europe, car ils ne s'y établissent pas de façon permanente. Quant aux Celtes, loin de participer au mouvement des invasions, ils sont au même titre que les Romains victimes de celles-ci. Les migrations germaniques vers les îles Britanniques atteindront aussi bien les parties romanisées (en gros, l'Angleterre actuelle) que les territoires celtiques situés à l'extérieur de l'Empire romain (l'Irlande et l'Écosse actuelles).

Seconde nuance à ce tableau, il ne faut pas exagérer les contrastes entre les Romains et tous les barbares. Les Celtes et les Germains partagent avec les Grecs et les Romains un certain nombre de caractéristiques, au-delà de leurs incontestables différences : tous ces groupes appartiennent à la grande famille ethnolinguistique des peuples indo-européens. Les linguistes ont bien montré les ressemblances profondes qui existent entre toutes les langues indo-européennes, et les historiens des religions ont fait ressortir les similitudes, sous des noms différents, entre les dieux grecs et romains et leurs équivalents germaniques ou celtiques. Sans surestimer ces ressemblances, il nous semble important de se souvenir que les Francs, les Saxons ou les Wisigoths, qui occuperont une place si importante dans la formation de l'Europe, ont tout de même un certain nombre d'affinités avec les Romains bien avant de pénétrer dans les frontières de l'Empire.

Enfin, troisième et dernière nuance, Romains et

barbares ne sont déjà plus de parfaits inconnus au moment où commencent les invasions. Non seulement quelques auteurs latins se sont intéressés à décrire les mœurs barbares, mais aussi et surtout des échanges commerciaux et humains existent au-delà de la frontière impériale. Retenons-en un seul exemple, le plus important sans doute : celui de la présence de barbares au sein même de l'armée romaine. À titre individuel, puis par groupes de plus en plus nombreux, des Goths, des Alains ont été recrutés dans l'armée, parfois même à des postes clefs qu'ils obtenaient en raison de leur valeur militaire et peut-être aussi de leur neutralité relative dans les conflits politiques internes de l'Empire.

Le flux des invasions

Ainsi le barbare au commencement du IVe siècle n'est ni un total étranger, ni un ennemi absolu, pas plus qu'il n'est le seul responsable de l'effondrement de l'Empire. Cela étant posé, les invasions ont représenté un ébranlement majeur du monde romain et il convient maintenant d'examiner leur déroulement et les modalités de l'installation des populations germaniques au sein des frontières romaines. À plusieurs reprises dans la première moitié du Ve siècle, pris en étau entre les hordes de Huns qui arrivent des steppes d'Asie et la frontière romaine, des groupes parfois nombreux de Goths, puis de Francs, de Burgondes et de Vandales, forcent les défenses de l'Empire et se répandent à l'intérieur de l'espace romain. La première invasion de ce type est celle que l'on nomme la « percée du Rhin », en 406, par un hiver particulièrement froid où, le fleuve étant gelé, Francs et Burgondes ont pu aisément le franchir. Puis dans les années immédiatement postérieures, un très important contingent de Wisigoths, conduits par leur chef Alaric, ont parcouru et parfois saccagé d'immenses territoires dans les provinces d'Italie et de Gaule.

Derrière ces armées germaniques, les troupes de Huns, à leur tour, pénétraient très avant dans le monde romain. Sous la gouverne d'une dynastie de chefs qui culmine avec le redoutable Attila (434-453)[1], organisés en un État despotique comme les peuples germaniques n'en connaissaient pas, les Huns ont parfois agi comme une sorte de rouleau compresseur qui aurait forcé la marche vers l'Occident des autres populations nomades.

Sur les rives de la mer du Nord, toujours au ve siècle, des groupes d'Angles, de Saxons puis de Danois traversent en Angleterre où ils déferlent sur une province romaine d'autant plus fragile qu'elle était de fondation récente. En Italie, derrière les Wisigoths, des troupes d'Ostrogoths conduites par Odoacre puis par Théodoric le Grand cherchent à s'établir, tandis que dans les provinces africaines, sur le rivage de la Méditerranée, ce sont des armées de Vandales qui, ayant traversé toute la Gaule et l'Espagne puis franchi le détroit de Gibraltar sous la conduite du roi Genséric, viennent ébranler et compromettre l'ordre romain.

D'autres peuples encore, plus ou moins nombreux participent à ces mouvements de populations : Frisons sur les rives de la mer du Nord, Alamans dans la région des Alpes et de l'actuelle Suisse, Lombards enfin, arrivés tardivement dans la seconde moitié du vi[e] siècle et installés dans le Nord de l'Italie.

Il est important de tenter de comprendre l'accueil réservé par l'Empire à ces populations et les modalités de leur installation sur les terres romaines. D'abord, les nouveaux arrivés n'ont pas tout détruit sur leur passage, tant s'en faut. Certes les Vandales ont souvent ravagé les édifices publics (d'où l'origine du mot français « vandalisme »). Mais Francs, Wisigoths ou Ostrogoths, s'ils ne dédaignent pas de se livrer au pillage, sont aussi à la recherche de lieux où s'établir afin de profiter de la paix et des richesses de l'Empire. Loin d'être animés par une volonté consciente de destruction, ils tentent plutôt de s'intégrer et se montrent souvent admiratifs des valeurs

---

1. Les dates données entre parenthèses sont celles des règnes pour les souverains, des pontificats pour les papes, de naissance et de mort dans tous les autres cas.

de la civilisation romaine qu'ils cherchent à s'approprier. N'ayant pas réussi à les refouler, Rome souhaite plutôt les assimiler à l'ordre impérial, et ceci de deux façons. À titre individuel, par le biais d'un régime juridique que l'on nomme l'*hospitalité,* des terres et des revenus sont attribués aux arrivants, en échange de leur participation à la défense du territoire où ils sont établis. À titre collectif, par les traités de *fédération,* l'empereur accorde à certains peuples le droit de se gouverner avec une grande marge d'autonomie à l'intérieur même des provinces, à charge toujours d'en assurer la défense et d'acheminer les impôts perçus au trésor impérial. Ainsi naîtront ces structures étatiques originales que sont les royaumes barbares au sein de l'Empire, avant même la disparition de celui-ci : royaume des Wisigoths ayant pour capitale Toulouse dès 418, royaume burgonde (443) autour de Genève, royaume vandale en Afrique du Nord (435).

Vient un moment cependant où ces États en pleine expansion (le royaume wisigoth de Toulouse s'étend dès le ve siècle sur le tiers sud-ouest de la Gaule et sur toute l'Espagne) asphyxient de l'intérieur l'État impérial, en tarissent les revenus et en paralysent l'administration, jusqu'au point où, en 476, le roi des Ostrogoths d'Italie, Odoacre, peut déposer le dernier empereur sans se préoccuper de son remplacement. Les nouvelles structures ont remplacé les anciennes. La chute de l'Empire romain d'Occident, que consacre ce geste de 476, loin d'être une entrée dans l'anarchie, est simplement la reconnaissance du triomphe d'un ordre différent et d'un éclatement de la structure politique hiérarchisée et centralisée de la romanité tardive, au profit de ces royaumes nouveaux, toujours très majoritairement peuplés de Romains mais désormais gouvernés par les aristocraties germaniques.

Des royaumes fragiles

Ce cadre politique se caractérise donc par l'appropriation des structures administratives et bureaucratiques de l'État romain par un petit groupe de nouveaux arrivants, récemment sédentarisés, d'abord et avant tout guerriers. Bien qu'il soit extrêmement difficile d'évaluer numériquement les populations germaniques au moment des grandes migrations des Ve et VIe siècles, il est évident que celles-ci ne représentent qu'une faible part de la population totale des provinces où elles s'établissent. Si ces barbares ont eu une telle influence, c'est bien par leur mainmise sur les gouvernements et par les transformations de l'État et de la société qui en ont découlé.

Pour ces chefs de guerre, l'idée même d'État représente une nouveauté. La royauté, naguère militaire et temporaire, qu'ils connaissaient devient une institution permanente, car c'est désormais la fonction du roi que de commander à la bureaucratie, de continuer tant bien que mal de lever les impôts et d'assurer les services publics dans les territoires soumis à l'autorité de ces royaumes. Cette survivance de la fiscalité et de divers services impériaux, plusieurs siècles après l'effondrement de l'Empire, est bien attestée, mais elle est aussi extrêmement variable selon les régions. En gros, les provinces le plus anciennement romanisées de l'Empire (Italie, Provence, Espagne sur le pourtour de la Méditerranée) ont bénéficié d'une continuité et d'une stabilité qui ne se retrouvent guère dans les régions plus nordiques (la Gaule du Nord) ou, à plus forte raison, dans les pays de romanisation tardive et superficielle (Bretagne insulaire).

C'est probablement sur les plans de la nature et de la fonction du pouvoir royal que la rupture est la plus évidente. Partout les rois barbares considèrent leur couronne, leur pouvoir, et donc, par extension, leurs sujets, comme des biens personnels, une sorte de butin issu de la conquête, des biens dont ils peuvent disposer par voie de partage successoral, quitte à rompre l'unité territoriale du royaume. Nous sommes ici bien loin de l'idée romaine et abstraite de l'État, qui entre alors dans une longue période d'éclipse.

Ainsi en va t il du grand royaume des Francs. Conquérants audacieux des lambeaux de l'Empire romain dans le Nord de la Gaule à la fin du Vᵉ siècle, les Francs se donnent un roi guerrier particulièrement valeureux en la personne de Clovis (481-511). Celui-ci étend son territoire au détriment de plusieurs autres chefs germaniques, enlevant en particulier un énorme morceau au royaume des Wisigoths pour se déployer vers le sud jusqu'aux Pyrénées. Il laisse à sa mort un immense territoire que l'on peut à bon droit considérer comme précurseur de la France actuelle. Mais selon l'ancienne coutume germanique, ce royaume qui est son patrimoine est alors divisé entre ses quatre fils et héritiers. Là réside la faiblesse de ce premier royaume des Francs, comme de la plupart des royaumes du haut Moyen Âge d'ailleurs. Divisés par le jeu des héritages, réunifiés par des alliances ou souvent par des guerres fratricides, ils ne connaissent la paix que de façon épisodique, et les ressources des administrations chancelantes sont trop souvent épuisées dans ces vaines querelles. Le royaume des Francs traverse ainsi toute l'époque que l'on appelle *mérovingienne* (du nom de la dynastie de Clovis et de son probablement mythique aïeul, Mérovée). Il n'en va pas autrement dans l'ancienne Bretagne. Les Angles et les Saxons y ont abattu les dernières résistances celtiques, incarnées par la figure quasi légendaire du roi Arthur, autour de laquelle toute une littérature de fiction se développera pendant le millénaire qui suit. Mais les royaumes qu'ils fondent ne sont ni stables ni unifiés et, jusqu'au IXᵉ siècle, les rois de Wessex, de Northumbrie, de Mercie et tant d'autres se disputeront le sol et les richesses de l'île, favorisant indirectement l'établissement, sur la côte orientale, d'une zone soumise à la domination danoise (le *Danelaw*).

Ainsi, deux ou trois siècles après l'effondrement de l'Empire, il n'y a plus guère d'unité en Europe occidentale. Une poussière de petits royaumes aux frontières fluctuantes et aux dynasties capricieuses se disputent les restes de l'*orbis romanus,* du monde romain. Mais toute unité n'est pas disparue, il s'en faut de beaucoup. Subsiste d'abord le souvenir de l'Empire romain. Tous ces petits rois savent qu'ils gouvernent des territoires théoriquement soumis à l'autorité unificatrice de Rome même s'il ne s'agit plus que d'une fiction. Survit aussi, dans le voisinage immédiat de ces royaumes, la moitié orientale de l'Empire, bien vivante, celle des Grecs de Byzance, toujours gouvernés par un empereur, et qui n'ont jamais totalement renoncé à rétablir l'unité à leur profit, même si leurs tentatives sous le règne de Justinien (527-565) n'ont connu qu'un succès mitigé. En Occident, seule l'Italie du Sud continue d'être gouvernée par Byzance durant la première moitié du Moyen Âge.

Persiste enfin et surtout, triomphe même, une institution unificatrice érigée elle aussi sur les débris de la puissance romaine, celle de l'Église chrétienne, dont l'ampleur et l'autorité donneront à toute la période médiévale sa coloration.

Une Église chrétienne universelle

L'Église chrétienne, fondée au Ier siècle, n'est pas à proprement parler une institution médiévale. Toutefois, elle sera appelée à jouer au Moyen Âge un rôle essentiel, non seulement sur le plan spirituel mais aussi dans presque tous les aspects de la vie quotidienne. C'est qu'elle peut s'appuyer à la fois sur une doctrine et sur des institutions extrêmement solides dès la fin de l'Empire romain. C'est aussi que, par la fondation de nombreux monastères, elle répond à un désir de pureté, d'ascèse et de retrait du monde qui caractérisent l'époque.

Le dogme et les institutions

La religion chrétienne, après s'être organisée dans les premiers temps autour de petites communautés d'adeptes, a très vite constitué une Église fortement structurée. Cette édification, particulièrement remarquable entre le IVe et le VIIe siècle, c'est-à-dire à la charnière entre les périodes que nous appelons Antiquité et Moyen Âge, repose sur trois piliers : un corps de doctrine universellement accepté, un commandement suprême autour du pape de Rome, un réseau de communautés locales à l'échelon des diocèses et des paroisses.

La doctrine chrétienne repose sur la Bible (Ancien Testament) et les Évangiles (Nouveau Testament) qui sont des livres révélés, c'est-à-dire d'inspiration divine. Cependant, la complexité de ces livres a très tôt amené les chrétiens à proposer des interprétations divergentes, voire contradictoires, sur un certain nombre de points fondamentaux, notamment sur la nature du Bien et du Mal, la divinité de Jésus-Christ ou l'avènement de la fin des temps. Ainsi, au IVe siècle, un prêtre du nom d'Arius pouvait-il propager une interprétation de la nature du Christ et de la sainte Trinité qui convenait à certains chrétiens mais paraissait tout à fait erronée aux autres. L'absence d'une structure forte et unifiée dans l'Église permettait que prolifèrent des courants de pensée qui tous ne concordaient pas entre eux. En réaction à ces tendances, un certain nombre d'évêques, que l'on appellera plus tard les *Pères de l'Église,* ont tenté de donner une lecture cohérente et unique des textes sacrés. Leurs œuvres se sont multipliées, tant en grec qu'en latin puisqu'ils étaient établis dans les deux parties de l'Empire romain. Du côté de l'Église latine, les plus importants sont saint Jérôme (v. 347-420), qui a laissé une traduction latine de la Bible (la *Vulgate*) dont le texte fera autorité pendant tout le Moyen Âge, et saint Augustin (354-430). En clarifiant la doctrine, ces écrits contribuent à exclure toute interprétation différente, désormais qualifiée d'*hérésie,* et à chasser de l'Église ceux qui les professent, les hérétiques.

Pour que les écrits des Pères puissent se propager et recevoir une sanction officielle, les évêques se réunissent occasionnellement en de solennelles assemblées (les *conciles*) où sont discutés les grands préceptes de la religion. Le premier de ces grands conciles, réuni à Nicée en 325, donne un caractère officiel au dogme (ce sera le *credo,* ou acte de foi) et condamne officiellement l'hérésie arienne. Plusieurs autres conciles, tant du côté latin que du côté grec mais malheureusement pas toujours à l'unisson, préciseront ultérieurement le contenu de ce dogme.

Ainsi dès les premiers siècles, l'assemblée des

évêques entend jouer un rôle fondamental dans le gouvernement de l'Église chrétienne. Mais parmi ces évêques, il en est un qui prétend occuper une position prééminente, c'est celui de Rome que, par respect filial, on commence à appeler pape (*papa* en latin). Successeur de saint Pierre à qui, selon l'Évangile, le Christ avait donné mission d'édifier son Église, l'évêque de Rome, dès les premiers temps du Moyen Âge, consolide son autorité sur plusieurs fronts, mais pas toujours avec le même succès. Auprès des évêques de la chrétienté latine, il est vite reconnu comme l'autorité suprême. Tel n'est pas le cas auprès des chrétiens de langue grecque qui, dans l'empire d'Orient, préfèrent obéir aux évêques patriarches de Byzance, d'Alexandrie ou d'Antioche et ne reconnaissent qu'une vague suprématie théorique au pape de Rome.

Ce même pape doit aussi progressivement faire accepter la suprématie de son autorité spirituelle dans les royaumes d'Occident. Chez les Francs, le rôle de Clovis est tout à fait déterminant. Celui-ci adhère solennellement à la religion chrétienne, après avoir invoqué l'aide du Christ et obtenu la victoire au combat, selon une légende vite répandue, entraînant avec lui l'ensemble de son peuple et fondant la tradition d'une lignée de rois « très chrétiens ». Pour les autres peuples, notamment les Wisigoths d'Espagne et les différents royaumes d'Angleterre, il faudra l'élan missionnaire du pape Grégoire le Grand (590-604) pour préparer et par la suite obtenir leur adhésion à l'obédience de Rome.

Enfin, le troisième pilier de cette Église du haut Moyen Âge, le fondement même de son existence, est le dense réseau de petites communautés locales de croyants regroupés autour d'un prêtre dans le cadre de la paroisse, d'un évêque dans le cadre du diocèse. Ici comme en tant d'autres domaines, il y a une remarquable continuité avec le monde romain tardif. La communauté chrétienne, cellule locale avec son prêtre desservant mais aussi son église et son cimetière, se greffe naturellement sur la structure romaine de peuplement : quartier urbain ou petite agglomération rurale (*vicus*).

L'évêque, à l'échelle supérieure, établit sa résidence dans les villes principales, souvent capitales administratives. Il y fait ériger son palais et son église (la *cathédrale*), monuments souvent somptueux, et y entretient par ses largesses une foule de fidèles et de serviteurs. Dans la grande débâcle de la vie urbaine causée à la fois par les perturbations économiques des derniers temps de l'Empire, par la fuite de l'aristocratie vers les domaines ruraux et par les destructions et les pillages consécutifs aux invasions, l'évêque et son entourage représentent le facteur de continuité le plus important de la vie urbaine pendant tout le haut Moyen Âge. Souvent recruté dans les grandes familles de l'ancienne aristocratie romaine, son rôle est essentiel non seulement sur le plan religieux et culturel mais aussi sur celui de l'administration, de la garde et de l'approvisionnement de la ville dont il est souvent dit le « défenseur ». À tel point que, dès cette période, on réservera exclusivement le terme de cité (*civitas*) aux sièges d'évêchés.

Un projet moral et spirituel

Ainsi organisée autour de l'autorité des papes, de la richesse des évêques et de l'affirmation de sa doctrine, l'Église triomphe dans un temps où toutes les valeurs anciennes de la romanité sont ébranlées. Pourtant cette Église ainsi ordonnée est loin de répondre à toutes les exigences d'absolu et à toutes les quêtes de perfection que préconise l'Évangile des chrétiens. C'est pourquoi, en marge de cette hiérarchie officielle d'abord, puis en collaboration avec elle, prend naissance un vaste mouvement de retrait du monde assorti d'exigences spirituelles élevées. Ce courant apparaît avant le début du Moyen Âge, dès le IIe siècle, notamment en Égypte où des ermites quittent le monde et se réfugient dans le désert pour mener une vie de pauvreté (*ascèse,* c'est-à-dire « privations »), de solitude (*érémitisme*) et de prières qu'ils veulent une imitation de la vie du Christ. On les appellera aussi des moines, parce qu'ils choisissent la solitude (du grec *monos,* « seul »), encore qu'ils vivent très souvent en petits groupes peu organisés. Le phénomène se propage rapidement, attirant non seulement d'authentiques vocations spirituelles mais tout un petit peuple en marge de la société, fuyant qui la justice, qui l'impôt, qui l'armée.

Ce courant, difficile à maîtriser parce qu'il se situe loin des lieux de peuplement et loin des institutions de l'Église et de l'État, se répand très rapidement à partir du IVe siècle, au moment précisément où le christianisme connaît son plus grand essor dans les provinces d'Occident, en Italie, en Gaule et en Espagne. Il apparaît alors essentiel de le circonscrire et de l'encadrer afin qu'il n'échappe pas à l'autorité spirituelle des évêques. L'élan le plus important pour tous les moines d'Occident devait venir de saint Benoît de Nursie (v. 480-v. 547). Issu d'une riche famille mais retiré du monde, fondateur d'une communauté de moines au Mont-Cassin au sud de Rome, Benoît rédigea pour lui et ses compagnons une *Règle* qui allait connaître une immense popularité durant tout le Moyen Âge. Fondée sur quelques principes simples, auxquels les moines adhéraient de manière solennelle par des vœux, cette règle met l'accent sur les valeurs élémentaires de la prière et du travail. De l'aube à la nuit, la vie monastique est ainsi régulièrement ponctuée de prières et d'offices qui alternent avec des périodes de travail : travail des mains mais aussi travail de l'esprit par la lecture et l'étude. La vie commune s'organise dans un monastère (ou *abbaye*) autour de l'autorité d'un supérieur, l'*abbé,* qui doit assurer l'ordre et la discipline à l'intérieur mais aussi l'obéissance à l'évêque, et donc le rattachement de la communauté monastique à la vaste structure de l'Église.

Parce qu'elle répondait bien aux aspirations des moines et des ermites d'Occident, cette règle *bénédictine* connut très vite un immense succès. Des centaines de fondations nouvelles dans toute l'Europe, aussi bien pour des communautés d'hommes que de femmes, s'y soumettaient. Rapidement enrichis par les nombreuses donations reçues de la part de laïcs pieux et par les fruits de leur propre travail, ces monastères, véritables agglomérations souvent fortifiées, attirent autour d'eux tout un petit peuple d'artisans ou de pauvres entretenus par les aumônes des moines. Ils constituent, en marge du réseau des anciennes villes romaines, un nouveau pôle de développement économique et, par la suite, urbain.

Évêques et moines du haut Moyen Âge partagent un projet commun d'évangélisation des masses. À l'intérieur des nouveaux royaumes, il faut gagner le peuple à la pratique de la religion nouvelle ; à l'extérieur, vers le nord et l'est, auprès des peuples germaniques ou slaves restés païens, il faut lancer une œuvre missionnaire d'évangélisation. Entreprise de longue haleine, qui durera très longtemps et ne s'achèvera réellement qu'au xe et même au xie siècle. Dès les ive et ve siècles, des pionniers tels que Martin, évêque de Tours, Césaire, évêque d'Arles, et tant d'autres s'intéressent au sort des masses populaires de leur diocèse, prêchent pour eux dans une langue qu'ils peuvent comprendre et tentent dans leurs écrits et leur pratique de concilier l'enseignement chrétien avec les anciennes traditions religieuses païennes. La religion chrétienne elle-même s'en trouve transformée, souvent en profondeur. Sur d'anciens lieux sacrés que vénéraient les Celtes, on érige et bénit des chapelles ; à d'anciennes fêtes païennes, comme celle de la naissance du Soleil (au solstice d'hiver), on fait correspondre des célébrations importantes du culte chrétien, comme la naissance de Jésus-Christ, arbitrairement fixée au 25 décembre. Et pour faciliter la diffusion d'un christianisme *monothéiste* (un seul Dieu) auprès de populations habituées à invoquer une foule de divinités protectrices, l'Église chrétienne permet et même encourage l'adoption du culte des *saints* protecteurs, hommes ou femmes, martyrs ou évêques, dont la vie et les œuvres sont proposées en exemple. Ce culte des saints deviendra un des éléments les plus forts et les plus dynamiques de la chrétienté médiévale.

Aux marges de la chrétienté, des initiatives audacieuses amènent la religion nouvelle en des territoires jusque-là restés païens. Saint Patrick, au commencement du ve siècle, répand le culte chrétien en Irlande (dont il deviendra le saint patron). De là partent de valeureux missionnaires qui affrontent le péril d'une incertaine navigation sur l'Atlantique pour fonder peut-être un premier avant-poste de la chrétienté en Islande, voire plus loin encore s'il faut en croire la légende du moine Brendan qui aurait pu atteindre les rivages de l'Amérique. Dans ce même élan, au VIIIe siècle, l'évêque franc Boniface lance une difficile entreprise de conversion des Saxons et un siècle plus tard, à partir de Byzance, les missionnaires Cyrille et Méthode apportent aux peuples bulgare et russe, en même temps que la religion chrétienne, l'alphabet grec, qu'ils adapteront aux langues slaves pour former l'écriture *cyrillique*.

Ainsi, la longue période qui s'étend du IVe au IXe siècle voit une pénétration et une consolidation, dans toutes les strates de la société et jusqu'aux confins de l'Occident, de la religion chrétienne. Mais le prix de ce triomphe est une transformation en profondeur de la religion. Arrimée aux structures de pouvoir de l'ancien Empire romain, adaptée à la mentalité des peuples germaniques, la religion chrétienne est portée par deux groupes de clercs que leur origine, leur vocation, leur action mettent continuellement en concurrence, souvent même, on le verra, en conflit. D'une part, prêtres et évêques sont le fer de lance de l'évangélisation, mais subissent continuellement les influences et les tentations de la vie du « siècle », c'est-à-dire des laïcs : on parlera désormais d'un clergé *séculier,* avec ses forces et ses faiblesses. D'autre part, moines et moniales, réfugiés hors du monde, prétendront représenter la véritable Église par leur stricte obéissance à une règle de perfection : ce sera le clergé *régulier.*

Un double héritage culturel

Si cette propagation de la religion et de l'Église chrétiennes contribue de façon décisive à la survie de l'héritage de Rome, on constate qu'à peu près tous les domaines de la civilisation et de l'organisation économique et sociale du haut Moyen Âge, parfois jusqu'en l'an Mille, sont profondément marqués par cette double ascendance romaine et germanique. Peu nombreux mais exerçant une influence politique décisive dans les royaumes qu'ils gouvernent, les Francs, les Wisigoths et les Saxons ont lentement assimilé en les transformant parfois de manière radicale aussi bien les structures économiques et sociales que les valeurs culturelles des territoires où ils se sont établis. Cette évolution, conjuguée à la diversité même des peuples germaniques et à la plus ou moins profonde romanisation des populations autochtones, enracine évidemment une diversité ethnique, linguistique et culturelle dans laquelle il sera bientôt possible de reconnaître, en gestation, les États ou les nations de l'Europe contemporaine. Mais elle porte aussi nombre de valeurs communes et, au-delà des fossés politiques et linguistiques, c'est une seule et même civilisation, à la fois romaine, germanique et chrétienne qui s'élabore pendant tout le haut Moyen Âge.

De la ville à la campagne

Le bouleversement le plus important de l'époque est probablement le déclin, parfois la disparition presque totale, de la vie urbaine. Les fonctions politiques et administratives de la cité ayant perdu beaucoup d'importance, la frange la plus riche de la population étant retirée dans ses domaines ruraux, les villes cessent dès le commencement du Moyen Âge de jouer le rôle économique et commercial qui était le leur dans le monde romain. Leur déclin entraîne aussi le déclin des échanges commerciaux qui avaient fait la prospérité de l'Empire. La production locale, celle des grands domaines ruraux, remplace désormais les importations de luxe. Partout en Occident, le parchemin remplace le fragile papyrus autrefois importé d'Égypte. Des commerçants, certes, subsistent. Des juifs installés dans les villes de la Méditerranée, puis un peu partout dans les royaumes barbares, assurent une certaine pérennité des échanges et du crédit, noyaux originels de ces prospères communautés juives que l'on verra éclore plus tard. Mais ce commerce organisé, fondé sur les échanges monétaires, est l'exception. Un peu partout la monnaie d'or puis même la monnaie d'argent cessent de circuler ; beaucoup d'échanges se font sous la forme rudimentaire du troc, et les grands propriétaires tentent de vivre en autarcie, sans recourir au commerce, diversifiant les produits de leur exploitation, multipliant le nombre de leurs propriétés et les transports entre les domaines afin de bénéficier d'un approvisionnement continu pour leur famille et leurs dépendants.

C'est que le nombre de ces dépendants, à la campagne, n'a pas diminué. Le profond clivage des sociétés antiques, opposant hommes libres et esclaves, ne disparaît pas. Certes, l'écart a tendance à se rétrécir entre la condition des paysans libres, souvent accablés de dettes et parfois dépossédés de leurs terres, et celle des esclaves, généralement établis (*chasés*) sur des lots qu'ils sont de plus en plus souvent autorisés à laisser à leurs enfants. L'Église encourage les maîtres à traiter les esclaves avec considération, et certains pieux laïcs vont même jusqu'à affranchir massivement ceux de leurs domaines, mais c'est très tard, en tout cas pas avant le IXe, voire le Xe siècle, que le statut juridique d'esclave disparaîtra à peu près complètement dans les exploitations rurales. Sur le plan proprement économique, esclaves et hommes libres ne sont guère mieux lotis sur les grands domaines du haut Moyen Âge. La propriété de leurs biens est précaire et se paie d'une quantité parfois très lourde de redevances au maître, parfois en nature, rarement en argent, souvent en journées de travail (*corvées*) dans les champs ou pour le transport des denrées d'un domaine à l'autre. Ainsi prend naissance cette structure d'exploitation de la terre si caractéristique du Moyen Âge. Chaque grand domaine comprend deux parties, plus ou moins importantes. L'une, que l'on appelle réserve, est directement mise en culture par les esclaves non chasés du propriétaire, avec un apport de corvées de l'ensemble des paysans. L'autre est subdivisée en petites exploitations, pas toutes égales, que l'on appelle *manses,* exploitées moyennant redevance par les paysans libres ou les esclaves chasés. Le statut économique des paysans libres et des esclaves étant désormais très proche, de fréquents intermariages entre ces groupes contribuent à long terme à gommer leurs différences et à faire disparaître l'esclavage. On sait malheureusement bien peu de choses sur le niveau de vie des paysans de cette époque, sinon que leur alimentation souvent rudimentaire, à base de céréales pauvres, les prédisposait à la famine et aux épidémies et les exposait le plus souvent à une mortalité prématurée, notamment durant l'enfance.

Éducation et culture

Ce profond repli sur la campagne pendant plusieurs siècles aide évidemment à comprendre les mutations culturelles de la période en question. La vie civique et politique des Romains supposait que la plupart des citoyens sachent lire et écrire, puissent occasionnellement s'exprimer en public et maîtrisent un minimum de connaissances juridiques. Par ailleurs l'idéal des Romains, comme des Grecs avant eux, se fondait sur une vie d'oisiveté, consacrée principalement à la lecture ou à l'étude de la philosophie. Tout ceci présupposait l'existence d'un dense réseau d'écoles capables d'enseigner un programme qu'à la fin de l'Empire on désignait sous le nom d'*arts libéraux,* parmi lesquels primait l'enseignement de la langue écrite (grammaire), de la langue parlée (rhétorique) et du raisonnement (philosophie) à côté de quelques rudiments d'un enseignement de nature scientifique. Mais la dissolution de la vie civique à partir du ve siècle porte un coup fatal à ces structures d'enseignement devenues désuètes. Subsistent désormais auprès de quelques grands propriétaires, auprès des rois également, des écoles où un maître particulier (*précepteur*) assure des rudiments de scolarisation aux enfants de l'aristocratie laïque, consciente d'être l'héritière d'un savoir en voie de disparition.

Mais ce n'est pas dans ces foyers laïcs que se conservera la culture du monde antique, c'est plutôt dans les nouveaux monastères bénédictins ou irlandais, où les moines, tournés vers l'étude, font maintenant profession de conserver la culture et la langue de l'Antiquité afin de maintenir vivante la tradition de la lecture et du commentaire des textes sacrés, tous écrits ou traduits en latin. Ainsi prennent naissance les écoles monastiques de même que ces *scriptoria,* ateliers de copie qui connaîtront un essor remarquable à l'époque de Charlemagne. Cependant les œuvres que l'on écrit à cette époque sont tout empreintes de la nostalgie d'un passé révolu, que ce soit *La Consolation de la philosophie* de Boèce (v. 480-524), méditation sur les misères de son temps écrite dans l'Italie gouvernée par les Ostrogoths, ou les *Étymologies* d'Isidore de Séville (v. 570-636), une sorte d'immense encyclopédie compilée dans l'Espagne wisigothique par un évêque très cultivé mais conscient du rapide effondrement du savoir de l'Antiquité.

L'apport le plus original de cette époque à la construction de la civilisation est aussi le plus difficile à connaître : c'est celui des peuples germaniques qui vient enrichir et transformer la culture classique. Difficile à connaître parce qu'il est essentiellement oral ou matériel et n'a donc pas laissé beaucoup de traces. On sait, par exemple, que les Germains sont d'excellents forgerons, et les épées de cette époque mérovingienne, retrouvées par les archéologues, sont faites d'un acier laminé de première qualité. Des découvertes fortuites de trésors, comme la remarquable tombe royale de Sutton Hoo (v. 625) en Angleterre, révèlent également l'importance de la fabrication de bijoux et de parures d'or, ainsi que de pierres précieuses. Cependant, l'essentiel de la culture et du droit se transmet de façon orale dans ces sociétés. La mémoire y joue un rôle primordial, celle des poètes qui chantent et renouvellent continuellement l'épopée des ancêtres, celle des juristes qui récitent périodiquement les codes de lois afin d'en transmettre la connaissance d'une génération à l'autre. Les rituels de la justice, procédure de composition ou de réparation entre deux clans ou deux lignages, sont eux aussi fondés sur des paroles prononcées et des gestes faits en présence de nombreux témoins, plutôt que sur des écrits. Rares donc sont les traces écrites de ces cultures : une poignée de poèmes en ancienne langue saxonne dont le célèbre *Beowulf,* lointain ancêtre de la littérature anglaise.

Ainsi du Ve siècle jusqu'à l'époque de Charlemagne et au-delà, l'oralité prédomine nettement dans tous les aspects de la vie politique et sociale, hors de ces conservatoires de l'ancienne culture que sont les monastères, bien loin des lieux de pouvoir. Par conséquent, la langue latine classique connaît un net déclin. Elle est remplacée partout dans la vie quotidienne par une variété et une coexistence de langues ou de dialectes qui reflètent la diversité ethnique du peuplement des nouveaux royaumes barbares. Dans les contrées méditerranéennes fortement romanisées subsiste un parler latin populaire, différent de la langue classique et en pleine évolution. Ce latin oral, que l'on appelle *roman,* se différencie selon les régions et les influences externes. À long terme, il deviendra ici l'italien, là l'espagnol, ailleurs le français ou l'occitan (naguère parlé dans toute la moitié sud de la France actuelle). Dans l'Europe du Nord, moins romanisée, ce sont les langues germaniques qui triomphent : le saxon en Angleterre, plusieurs dialectes peu unifiés à l'est du Rhin qui, par la suite, donneront naissance aux langues allemande et néerlandaise.

C'est dans cette Europe unie par le souvenir de Rome et par la montée du christianisme, mais divisée par la pluralité des peuples, des langues et des royaumes, repliée sur ses campagnes et ses monastères, qu'apparaît au VIIIe siècle une dynastie conquérante, celle des *carolingiens,* dont la figure prépondérante, vite devenue mythique, est évidemment le personnage de Charlemagne (768-814). Cette époque, qui va du milieu du VIIIe siècle jusqu'au commencement du Xe, est une époque de très profondes ruptures. Si profondes en fait que certains aujourd'hui ne font véritablement commencer le Moyen Âge qu'avec la période carolingienne.

Les mutations carolingiennes

Le VIIIe siècle s'ouvre, en Europe et sur tout le pourtour du bassin méditerranéen, sur l'irrésistible avancée politique et religieuse de l'islam. Née au cœur de l'Arabie un siècle auparavant, autour du prophète Muhammad (*Mahomet,* dans sa forme d'ancien français encore en usage) (v. 570-632), cette religion se réclame à la fois du judaïsme et du christianisme renouvelés par les révélations contenues dans le Coran. Son expansion, dès la mort du Prophète, est extrêmement rapide, vers l'est jusqu'aux confins des mondes indien et chinois, vers le nord jusqu'à l'Empire byzantin auquel elle arrache ses riches provinces de Syrie et d'Égypte, vers l'ouest enfin, dans toute l'Afrique du Nord et, au-delà du détroit de Gibraltar, jusqu'au royaume wisigothique d'Espagne à partir de 711. Ainsi la Méditerranée, cette mer intérieure de l'Empire romain, est-elle devenue au VIIIe siècle un « lac arabe ». Tous les États chrétiens devront désormais composer avec cette puissance gouvernée par les califes de Damas puis de Bagdad, d'abord le royaume des Francs, que la chute des Wisigoths d'Espagne met dans le voisinage immédiat de l'empire d'Allah, juste au sud des Pyrénées.

Charlemagne

Nous avons évoqué rapidement les conflits issus des partages successoraux dans les royaumes barbares, notamment dans le royaume des Francs qui est le plus étendu et le plus puissant d'entre eux. Cet état quasi permanent de division avait rapidement affaibli la dynastie mérovingienne, mais il avait également permis l'ascension, à l'arrière-plan, de certains fonctionnaires de l'administration royale, les maires des palais (ou résidences royales) des grandes provinces situées au cœur du royaume, entre la Seine, le Rhin et les Alpes : Neustrie, Austrasie et Bourgogne. Vite érigés en dynasties, se succédant dans ces charges influentes et lucratives, éminences grises du pouvoir mérovingien, appuyés sur les évêques qui gouvernent les cités (des charges qui sont aussi de plus en plus souvent monopolisées par les plus puissantes familles), les maires des palais tiennent, dès la fin du VIIe siècle, les ficelles du pouvoir. L'une de ces familles qui s'était illustrée tout particulièrement dans la défense militaire du royaume contre les Arabes à Poitiers en 732 revendiquera la couronne royale et détrônera le dernier roi mérovingien en 751. Cette révolution de palais accomplie par Pépin le Bref (751-768) fonde donc une nouvelle dynastie royale, brillante et éphémère, celle des *carolingiens,* illustrée par Charlemagne (768-814) et ses successeurs immédiats.

Le règne de Charlemagne est d'abord et avant tout marqué par une impressionnante série de victoires militaires : il s'empare du royaume des Lombards (au sud des Alpes) et exerce sa domination jusqu'aux portes de Rome ; il soumet et évangélise pour de bon les farouches Saxons, dans le nord de l'Allemagne ; il conduit ses armées de plus en plus loin vers l'est, dans des campagnes contre les populations slaves dont il exige de lucratifs tributs ; il menace jusqu'aux frontières de l'Empire byzantin. Enfin, il arrête définitivement l'avancée des Arabes d'Espagne dans une série de campagnes dont le souvenir, mi-historique mi-légendaire, nous est conservé dans un récit mis par écrit beaucoup plus tard, au XIIe siècle, l'un des premiers textes de la littérature française, *La Chanson de Roland*.

Ses succès militaires, Charlemagne les doit à ses talents de chef, bien sûr, mais aussi au fait que, ayant hérité seul du royaume de Pépin, il n'a pas de rival interne à vaincre pour assurer son pouvoir et qu'il peut mettre tout le peuple franc, habitué aux campagnes militaires annuelles, au service d'une quête de butin et de puissance à l'échelle d'un continent. Les pays soumis sont organisés avec une remarquable efficacité administrative en un certain nombre de *comtés* gérés par des fonctionnaires royaux tout-puissants, qui incarnent le pouvoir fiscal, militaire et judiciaire du roi dans leur circonscription. Pour assurer la fidélité de ces fonctionnaires liés à lui par un serment personnel, le roi envoie périodiquement dans chacun des comtés des hommes de confiance, les *missi dominici* (littéralement, « envoyés du seigneur »), chargés à la fois d'expliquer aux comtes la législation royale et de recevoir les plaintes des sujets contre ces fonctionnaires. Contrôle territorial, harmonisation administrative, par plusieurs aspects de son gouvernement Charlemagne apparaît étonnamment moderne alors que, en réalité, il ne fait que tenter une dernière fois de faire revivre l'administration et la fiscalité romaines, moribondes mais décidément non encore disparues.

Le souvenir de Rome

C'est dans sa relation au passé romain que se situent tout l'intérêt et toute l'originalité de l'œuvre de Charlemagne. Ayant très vite à administrer des territoires bien plus étendus que le seul royaume des Francs qu'il avait reçu en héritage, il se doit de renouer avec un vieux modèle, celui justement de l'Empire romain dont le trône (d'Occident, rappelons-le) est vacant depuis 476. Cette « rénovation » de l'Empire, l'a-t-il voulue lui-même ou lui a-t-elle été suggérée, voire dictée, par la papauté qui cherchait en Occident un protecteur fort, capable de faire contrepoids à l'influence conjuguée de l'empereur de Byzance et de son patriarche, décidément de plus en plus hostile à la primauté de Rome dans l'Église ? La réponse à cette question n'est pas assurée, mais il est bien certain que Charlemagne a reçu du pape Léon III en l'an 800 une couronne *impériale,* et non plus seulement royale, reconnaissance de son pouvoir effectif et légitimation de prétentions nouvelles à une domination universelle (c'est le sens qu'on attribue dans la tradition antique au mot « empire »). Cette couronne impériale, concurrente désormais de la couronne byzantine, sera au centre des idées et des pratiques politiques jusqu'à la fin du Moyen Âge (et bien au-delà, d'ailleurs).

Empereur chrétien après 800, soutien et allié de la papauté, Charlemagne échafaude un projet culturel cohérent, lié de près à cette revitalisation impériale et qui se manifeste par une multitude d'initiatives. Dans le domaine de l'art et de l'architecture, la référence au passé romain est partout présente. C'est une manière d'inscrire, au sens propre, son œuvre dans la continuité romaine impériale. Pour mieux connaître et mettre en valeur ce passé, l'empereur fonde dans son palais une Académie, sorte d'université où il attire les plus brillants esprits de l'époque afin de les associer à cette renaissance culturelle : Alcuin, son principal conseiller en matière politique, vient d'York dans le nord de l'Angleterre ; d'autres viennent de Lombardie ou d'Espagne. Tous ont ce désir de renouer avec la grandeur de Rome.

Ces initiatives entraînent évidemment des problèmes nouveaux pour lesquels il faut trouver des solutions originales, lourdes de conséquences pour l'avenir de la civilisation médiévale. D'abord, pour faire revivre cette tradition romaine, il fallait retrouver et copier ce qui restait d'anciens manuscrits de Cicéron, de Virgile, d'Ovide et de tant d'autres. D'où la volonté d'encourager et de multiplier ces ateliers monastiques, *scriptoria* anciens et nouveaux, pour diffuser les textes en des copies rajeunies (lesquelles, incidemment, transcrites à cette époque de l'antique papyrus sur un résistant parchemin, ont ainsi pu parvenir jusqu'à nous). D'où la volonté impériale d'intervenir dans des domaines aussi variés que celui de l'écriture en créant pour ces copistes une écriture uniforme et extrêmement lisible, la lettre *caroline* (ancêtre de nos caractères typographiques modernes), ou celui de la langue en ressuscitant artificiellement le bon latin classique, celui des rhéteurs et des poètes de l'Antiquité, ce qui aura deux effets contradictoires : désormais les intellectuels de l'Europe médiévale parleront tous la même langue latine classique, mais cette langue sera devenue une langue morte, définitivement coupée des parlers romans qui lentement s'en étaient détachés.

Il fallait ainsi former les clercs des églises et de la chancellerie, éduquer les enfants de l'aristocratie et leur enseigner les lettres nécessaires à la pratique d'un gouvernement qui renouait avec l'usage de l'écriture : il était donc opportun de mettre sur pied un réseau d'écoles non seulement autour de la personne de l'empereur, mais dans tout l'Empire. C'est peut-être l'initiative la plus connue de Charlemagne, « inventeur » de l'école, mais ce n'est pas la plus durable, car les fondations carolingiennes ont été fragiles, à l'image de bien d'autres aspects de son œuvre, et n'ont pas connu une diffusion universelle. En revanche, la définition des programmes d'étude et des domaines du savoir (on ressuscite à cette époque les arts libéraux de l'Antiquité tardive), la diffusion d'un type uniforme de liturgie et de chant religieux (le chant *grégorien,* codifié pour la première fois sous Grégoire le Grand au début du VIIe siècle) sont autant d'initiatives typiques de Charlemagne, c'est-à-dire conjuguant restauration du passé romain et uniformisation des pratiques culturelles et religieuses au service de l'unité politique de l'Empire.

Une renaissance éphémère

Il serait naïf évidemment d'attribuer à Charlemagne lui-même la paternité de toutes ces innovations. Ne dit-on pas que lui-même écrivait avec difficulté ! Son mérite fondamental est plutôt d'avoir eu la clairvoyance d'attirer autour de lui les individus capables de concevoir et d'appliquer de telles pratiques avec cohérence et persistance. Pourquoi, alors, cette renaissance carolingienne est-elle globalement si éphémère, même si elle laisse des traces persistantes ? Beaucoup d'éléments d'explication peuvent intervenir pour répondre à cette question complexe.

À l'intérieur, la stabilité du gouvernement et la fidélité des fonctionnaires était assurée par le contrôle régulier des *missi dominici* et le butin des victoires militaires. Dès avant la mort de Charlemagne, ces entreprises de prédation se sont raréfiées et il est devenu plus difficile de canaliser les ambitions de l'aristocratie au service de l'Empire. Se met alors en place une dynamique nouvelle fondée sur la multiplication des ambitions personnelles et locales au sein même de l'Empire, dont l'aboutissement sera la genèse de la société *féodale*. En outre, jamais Charlemagne n'a résolu le vieux problème franc des partages successoraux : un seul fils lui succède, mais ils seront trois petits-fils à la seconde génération qui se diviseront le territoire de l'Empire lors du partage de Verdun (843). Commencement de la fin du rêve impérial unitaire, ce démembrement est aussi la première esquisse de la géographie de l'Europe moderne, puisque y apparaît un royaume occidental qui préfigure déjà la France, un royaume oriental, lointain ancêtre de l'Allemagne, et un royaume central, étendu de la mer du Nord jusqu'à Rome et chevauchant les Alpes, amalgame de territoires qui pendant longtemps chercheront leur unité (l'Italie ou la Belgique, unifiées seulement au XIXe siècle). Certes, après le partage de 843, l'un ou l'autre des royaumes issus de Verdun revendiquera la couronne impériale, mais aucun ne pourra assurer une réelle unité de gouvernement comme Charlemagne avait su le faire pendant quelques décennies.

À l'extérieur, une nouvelle poussée « barbare » se fait sentir de tous les côtés. Elle n'a cependant ni la même unité ni les mêmes résultats que la vague germanique des Ve, VIe et VIIe siècles. Les nouveaux envahisseurs n'ont guère de point commun entre eux : en Méditerranée, ce sont des Arabes, maîtres des mers, qui multiplient les raids dévastateurs sur les cités, les églises et les monastères côtiers de Provence ou d'Italie, qui s'installent dans des avant-postes fortifiés dans le Sud de la France et s'emparent de la Sicile qu'ils garderont durant deux siècles. Sauf dans cette île, où leur influence est immense et durable, les raids arabes sont relativement éphémères.

Aux confins orientaux du monde carolingien, un peuple nouvellement arrivé d'Asie au Xe siècle, celui des Hongrois, mène lui aussi des incursions dévastatrices sur les territoires germaniques et même jusqu'à Paris, rappelant les terribles ravages des Huns cinq siècles plus tôt. C'est à un lointain descendant de la lignée de Charlemagne, le roi de Germanie Otton Ier le Grand (936-973), que revient l'honneur d'une importante victoire contre les nouveaux envahisseurs. Cette victoire (en 955) autorise Otton à revendiquer à son profit l'ancienne couronne impériale carolingienne, que personne n'avait portée depuis plusieurs dizaines d'années. Ainsi, sous le couvert de la continuité romaine puis carolingienne, naît un nouvel empire, allemand celui-là, car il n'aura jamais réussi à assurer durablement sa suprématie ailleurs que sur les pays germaniques. Il sera néanmoins durable, sous le nom d'abord d'Empire romain, puis d'Empire germanique et enfin, à partir du XVe siècle, de Saint Empire romain germanique : c'est le Reich allemand des temps modernes, que Napoléon supprimera en 1806.

Enfin au nord et à l'ouest de l'Empire de Charlemagne, un groupe de peuples germaniques, derniers venus, d'origine scandinave, exerce dès le VIIIe siècle des pressions de plus en plus fortes. Pourquoi ce mouvement d'émigration, à cette époque, de peuples qui n'avaient guère bougé au moment de la première vague des invasions germaniques ? Refroidissement du climat ? Changement de structures politiques et exil de clans ou de chefs vaincus ? Simple attrait pour les riches trésors chrétiens de l'Europe du Nord-Ouest ? Toujours est-il que par vagues successives, des flotilles de *drakkars,* navires rapides et à faible tirant d'eau, apparaissent sur les côtes d'Angleterre, d'Irlande et de France, remontent l'estuaire des fleuves et repartent après avoir pris leur butin et semé la terreur. Les monastères, vulnérables, sont une cible de choix, mais les villes, Londres, Paris, Hambourg, ne sont pas épargnées. Pendant tout le IXe siècle, ces incursions se multiplient, jusqu'en Méditerranée même, obligeant les comtes carolingiens à concentrer sur la défense urbaine et côtière toutes les ressources dont ils peuvent disposer, au détriment de l'armée impériale et du pouvoir central.

Ces expéditions normandes (ou *viking*) dans l'Empire carolingien et dans les îles Britanniques sont à replacer dans le cadre beaucoup plus vaste d'une expansion à la fois vers l'est (c'est à cette époque que les Suédois, ou *Varègues,* entreprennent de remonter les fleuves russes) et vers l'ouest, poussant leurs expéditions de plus en plus loin dans l'Atlantique. Après l'Islande qu'ils colonisent vers 870, le Groenland un siècle plus tard, ils atteignent le mystérieux *Vinland* vers l'an Mille, où ils fondent une petite colonie éphémère. Si on ne sait toujours pas aujourd'hui ce que les anciens récits épiques scandinaves (les *sagas,* mises par écrit généralement en Islande au XIIIe siècle) entendent précisément par Vinland, on sait, grâce aux fouilles archéologiques de l'Anse-aux-Meadows (Terre-Neuve) et par quelques autres découvertes en territoire canadien, que les Vikings ont bel et bien eu au moins un établissement en Amérique du Nord au début du XIe siècle.

Ainsi donc, comme l'Empire romain avant lui, l'Empire carolingien s'écroule par sa faiblesse interne et, dans une moindre mesure, par l'effet conjugué des assauts venus de l'extérieur. Cet Empire, qui avait voulu faire renaître un passé romain révolu, avait en même temps été dans les faits le dernier sursaut du monde antique dans une société et un environnement culturel appartenant déjà de plain-pied à la civilisation médiévale. Après l'effondrement de la dynastie carolingienne, l'Europe se trouve subitement éclatée entre une multitude de petits centres de pouvoir, comme si elle avait été décapitée. Ne restent désormais que deux prétendants au gouvernement universel : l'empereur germanique, pour le gouvernement des hommes, et le pape, pour le gouvernement des âmes. La période qui s'ouvre avec le Xe siècle sera dominée par les vains combats de ces deux géants dans un monde où la réalité du pouvoir se situe à l'échelle du comté, de la ville, voire du simple château. C'est le temps de la féodalité.

Chapitre II

Les temps féodaux

S'il est vrai que les deux siècles qui suivent l'effondrement de l'ordre carolingien sont une époque de mutations profondes et rapides, on aurait tort de n'y voir qu'anarchie, désordre ou violences gratuites, trop souvent associées à l'idée de féodalité. Il faut plutôt parler d'un démembrement des pouvoirs anciens au profit d'une réorganisation dans un cadre nouveau largement fondé sur les fidélités personnelles. Mais cette dislocation n'est jamais totale et partout en Europe, si diminués soient-ils, les pouvoirs royaux continuent de s'exercer. Ils sont cependant concurrencés, et longtemps neutralisés, par les maîtres des châteaux qui, partout, ont assis leur autorité sur les débris de l'État carolingien. Dans cette tourmente politique, pour conserver à la fois son unité et son indépendance, l'Église doit se tenir de plus en plus franchement à l'écart des affaires temporelles, c'est-à-dire des querelles des laïcs. Toutefois, comme ce détachement est incomplet et difficile, des élans spontanés de réforme et de purification surgissent partout, qui obligent l'institution ecclésiastique, après un millénaire d'existence, à entreprendre une réforme d'une ampleur encore jamais vue. Enfin, les effets conjugués de l'extrême décentralisation des pouvoirs et des tensions internes à l'Église provoquent une effervescence intellectuelle qui est à l'origine des grandes idéologies caractéristiques du Moyen Âge féodal, dans sa cohérence mais aussi dans ses contradictions : la paix, l'ordre, la chevalerie et la croisade. Au terme de cette évolution, au cours du XIIe siècle, lorsque rois et empereurs prétendront de nouveau exercer la plénitude du pouvoir dans leurs États respectifs, ce sera en s'appuyant sur ces idéologies issues de l'« anarchie » féodale autant que sur la renaissance des idées romaines et carolingiennes de l'ordre public.

Le démembrement des pouvoirs

Assurément, l'élément le plus frappant de cette période est l'effondrement de la structure même de l'ordre public. Néanmoins, au sommet de l'État, le pouvoir monarchique, lui, continue d'exister. Nulle part il n'y a de rupture totale. L'Empire restauré en Germanie par Otton Ier est même en expansion au siècle suivant sous les empereurs Otton III (983-1002) et surtout Henri IV (1056-1106) qui réussissent à conserver une certaine maîtrise de l'Italie et qui, à partir du milieu du XIe siècle, entrent dans un long conflit avec les papes.

La partie occidentale de l'ancien Empire carolingien, que l'on appellera bientôt tout simplement France, connaît à partir du commencement du Xe siècle une longue éclipse du pouvoir royal. Les derniers descendants de la souche de Charlemagne y sont concurrencés par des hommes qui se sont illustrés dans la défense du royaume contre les Normands. L'un d'eux, Hugues, que l'on surnommera Hugues Capet, ose s'emparer de la couronne en 987, fondant par là une dynastie *capétienne* qui, à travers bien des avatars et des ruptures, gouvernera la France jusqu'à l'abolition définitive de la royauté au siècle dernier. Mais l'autorité des premiers capétiens est bien limitée, ne s'étendant qu'à quelques dizaines de kilomètres autour de Paris (définitivement choisie pour capitale), dans une région que l'on nomme Île-de-France. Et si ailleurs dans le royaume, comtes et châtelains reconnaissent une soumission toute théorique au roi, dans les faits ils agissent en véritables souverains. Ainsi, presque aux portes de Paris, autour de l'estuaire de la Seine, au début du Xe siècle, on avait concédé à des bandes de Normands un territoire érigé en duché afin qu'ils cessent leurs raids vers la capitale et qu'ils contribuent à la défense du royaume contre les nouvelles vagues d'envahisseurs. Les ducs de *Normandie,* au XIe siècle, mènent une politique tout à fait indépendante des rois de France. Tournés vers la mer et piqués par l'aventure, ils entreprennent des campagnes expansionnistes qui les mènent presque simultanément en Italie du Sud et en Angleterre. En Italie, c'est avec le concours du pape que des bandes d'aventuriers normands entreprennent d'enlever aux empereurs de Byzance le Sud de la péninsule qu'ils contrôlaient encore, puis de prendre la Sicile aux Arabes afin de fonder un royaume normand qui s'affirmera bientôt comme un remarquable creuset culturel en raison de la coexistence harmonieuse des Grecs, des Latins, des Juifs et des Arabes.

En Angleterre, l'entreprise de conquête n'est pas le fait d'une poignée d'aventuriers. C'est une affaire menée par le duc lui-même et son armée, fondée sur des prétentions plus ou moins assurées à l'héritage du vieux roi Édouard, dernier d'une lignée de rois saxons qui, à partir du IXe siècle, avaient unifié le pays en un royaume remarquablement administré. En 1066, après avoir vaincu les Saxons à Hastings, le duc normand Guillaume surnommé le Conquérant devient roi d'Angleterre, amenant dans ce pays en même temps que ses fidèles, laïcs ou ecclésiastiques, nombre de coutumes normandes et surtout la langue française. Parce que les grands du royaume sont désormais normands, le français y devient et restera jusqu'à la fin du Moyen Âge la langue de l'aristocratie. Le peuple, quant à lui, conserve l'usage du saxon mais, relégué au rang de langue populaire et essentiellement orale, le saxon évolue rapidement sous l'influence du français pour donner naissance à la langue anglaise. Celle-ci ne deviendra vraiment langue nationale de l'Angleterre qu'au XIVe siècle.

Enfin, aux confins de l'Europe chrétienne, une mosaïque de royaumes nouveaux apparaissent en ces temps troublés, frontière conquérante contre l'infidèle en Espagne, contre les païens en Europe de l'Est. Au sud des Pyrénées, l'avance des musulmans atteint son point extrême avec la fin de l'époque carolingienne. Seules quelques régions montagneuses isolées du nord de l'Espagne abritent une résistance chrétienne qui, à partir des Xe et XIe siècles, s'organise en un certain nombre de royaumes : la Navarre, la Castille, l'Aragon et bientôt le Portugal. Ces royaumes sont le point de départ d'une très longue marche de reconquête vers le sud qui, par vagues successives, repoussera l'Islam jusqu'au-delà du détroit de Gibraltar (en 1492 seulement). Sur les fronts nord et est de la chrétienté, de plus en plus nombreux sont les chefs qui, en Pologne, en Hongrie et en Suède, sous l'influence conjuguée de la diplomatie pontificale et de l'œuvre des moines et des évêques missionnaires, adoptent la religion chrétienne pour eux et pour leur peuple, récompensés par l'octroi d'une couronne fondatrice de royaumes.

Ainsi, la dislocation de l'Empire de Charlemagne est suivie de la fondation, aux frontières de cet Empire, d'une kyrielle de royaumes. Le modèle politique naturel de l'Europe en voie de formation est bien celui de l'État gouverné par une dynastie royale, dynastie la plupart du temps consacrée par l'autorité du pape, nous y reviendrons. Mais au cœur du vieil Empire, surtout dans les territoires francs, c'est plutôt de démembrement et de dislocation qu'il faut parler.

Les maîtres du ban

L'impossibilité pour les derniers carolingiens de réunir un *ost* (armée) conquérant et le relâchement de la surveillance exercée par les *missi dominici* laissent une immense marge d'autonomie aux agents locaux de l'Empire, essentiellement les comtes et leurs *vicaires* (auxiliaires dans l'exercice de la justice). Laissés à eux-mêmes, ils font main basse à l'échelon local sur les pouvoirs de justice, de finances et de commandement militaire qu'auparavant ils exerçaient sous le contrôle de l'autorité souveraine, en obéissance aux *capitulaires* (lois ou ordonnances) impériaux. Ainsi ils continuent de réunir ces *plaids* de justice, assemblées d'hommes libres où sont débattues les grandes affaires judiciaires, mais ne se rendent plus aux plaids généraux auxquels Charlemagne convoquait annuellement les grands de son royaume. De même, ils continuent de disposer du droit de *ban,* ce pouvoir de commandement militaire qui autorise à convoquer le peuple à l'armée royale. Mais ils n'amènent plus ces hommes à l'ost, ils s'en constituent plutôt des garnisons personnelles afin de consolider une domination sur les hommes qui relèvent de leur autorité, afin de se protéger aussi de l'expansionnisme de leurs voisins belliqueux.

Ces petits chefs locaux s'approprient donc les lambeaux de l'autorité publique : justice, impôts, armée, mais aussi le droit de battre la monnaie ou encore la surveillance et l'entretien des chemins publics. Engagés dans le processus, avides d'un pouvoir et d'une richesse de plus en plus nécessaires pour résister aux agressions de leurs voisins, ils imposent souvent par la force des exactions que les textes de l'époque qualifient de *mauvaises coutumes*. Rapines et prédations sans fondement ou sans légitimité aucune, ces innovations concernent aussi bien les richesses paysannes (ce seront les *tailles,* impôts d'un montant souvent arbitraire), l'activité économique (ce seront les monopoles qu'on appelle *banalités* : obligation de moudre au moulin du maître, de cuire le pain à son four, ainsi de suite) ou encore les libertés personnelles (ce seront les restrictions à la liberté de mouvement des paysans, à leur liberté de mariage, à leur liberté de transmettre leur héritage). Restrictions jamais absolues, car elles sont en fait prétextes à des taxations indirectes : la liberté du mariage se récupérera moyennant une taxe dite de *formariage,* celle de léguer ses biens, moyennant une taxe de *mainmorte,* et ainsi de suite.

Parfois exorbitants, parfois modérés, ces usages se répandent partout à partir de la fin du Xe siècle et pendant tout le siècle suivant jusqu'à ce que les paysans (ou les habitants des villes, bien peu nombreux cependant à cette époque), mieux organisés, leur imposent des limites. À l'époque qui nous intéresse ici, la multiplication des charges imposées par les maîtres du ban a une conséquence dramatique sur les libertés individuelles. Les décennies qui entourent l'an Mille voient la disparition à peu près complète de l'ancienne propriété paysanne libre (l'*alleu*) qui, pendant tout le haut Moyen Âge, avait subsisté tant bien que mal en marge du grand domaine. Désormais, saisis de force ou vendus pour cause d'endettement, les biens des paysans leur sont ensuite rétrocédés moyennant le paiement d'un droit, le *cens,* qui assimile leur condition économique à celle des tenanciers des grands domaines. Pis encore, l'ensemble de ces atteintes aux libertés individuelles finit par niveler vers le bas la condition juridique des paysans, toutes catégories confondues. On ne parle plus d'esclaves, certes, après le Xe siècle dans les campagnes, mais on tente d'imposer un modèle uniforme de demiliberté, caractérisé non seulement par les humiliantes taxes de formariage et de mainmorte, mais aussi par une taxe personnelle considérée comme une reconnaissance de servitude (ce sera le *chevage*). Ainsi s'élabore lentement le concept de *servage* si caractéristique de la paysannerie médiévale. Cependant il faut bien voir que ce servage accompli ne s'est pas diffusé partout avec la même force et que sitôt mis en place il commence à être contesté et à reculer devant les revendications paysannes. Loin donc d'être la règle habituelle, le servage au sens fort est plutôt le cas extrême dans un large faisceau de situations de plus ou moins grandes libertés paysannes, selon les lieux (les paysans anglais connaissent un servage fort et prolongé sous le terme de *villainage*) ou les époques.

Seigneurs et vassaux

Il est assez évident que les nouveaux maîtres, appelons-les désormais les seigneurs, n'auraient pu imposer ces charges à de vastes populations s'ils n'avaient disposé pour eux-mêmes et pour leur entourage d'une force et d'une sécurité suffisantes. Or c'est précisément au moment où se disloquent les rouages de l'État et de l'autorité publique que commencent à apparaître un peu partout dans les comtés, et même à l'échelon encore plus local, des fortifications d'un type nouveau, les *mottes,* ancêtres des grands châteaux de la période suivante. Tirant leur nom des monticules sur lesquels elles sont érigées, ces maisons fortes, la plupart du temps de construction sommaire et entourées d'une simple palissade de bois et d'un fossé, sont le refuge des familles qui imposent leur nouveau pouvoir. La multiplication de ces châteaux, dès le milieu du Xe siècle, est si caractéristique de la mutation en cours qu'elle a conduit les historiens à parler d'un mouvement d'*encastellement* (de l'italien *incastellamento*).

Refuges des maîtres contre les paysans asservis, point de départ aussi d'expéditions contre les châteaux voisins, ces tours et ces donjons sont défendus par quelques dizaines d'hommes, ceux de la famille du seigneur, ceux également des familles de cavaliers associés au seigneur par un lien d'étroite dépendance personnelle et de fidélité, qu'on appellera ses *vassaux.* Ce type de lien de fidélité personnelle est loin d'être une nouveauté au temps de l'encastellement. Dès l'époque de Charlemagne, d'importants personnages aux confins de l'Empire, tel le duc de Bavière, se soumettent à l'autorité de l'empereur par le biais de cette recommandation personnelle. Dans le grand chambardement des pouvoirs dont nous sommes témoins à partir du Xe siècle, il n'est donc pas étonnant que cette vieille pratique ait connu une nouvelle jeunesse et soit devenue en quelque sorte la norme habituelle qui régissait les relations nécessairement étroites et solidaires entre le seigneur et ses hommes.

Ce qui est certes différent à partir du Xe siècle, c'est que cette pratique de la constitution de liens personnels entre hommes libres s'enrichit d'un volet complémentaire, issu lui aussi d'une très ancienne pratique : celui de l'octroi au vassal d'un bienfait, d'un cadeau, en reconnaissance de sa soumission. Ce bienfait est la plupart du temps un bien foncier qu'on appellera le *fief,* le prix de sa *foi,* c'est-à-dire de sa fidélité. Ainsi, autour de la défense du château et de l'exploitation des pouvoirs de commandement se tisse progressivement la toile d'un système complexe de relations interpersonnelles que les historiens modernes désignent sous le terme de féodalité. Le fondement élémentaire du système féodal, c'est cette étroite association entre deux hommes libres engagés sur leur foi l'un envers l'autre. Le vassal offre au seigneur son aide, d'abord militaire pour la défense de ses biens, puis de plus en plus souvent financière lorsque le seigneur doit faire face à d'importantes contraintes monétaires, lorsqu'il doit payer une rançon pour se libérer par exemple, ou encore lorsqu'il doit doter sa fille aînée pour qu'elle contracte un mariage honorable. En échange, le seigneur entretient son vassal grâce au fief, lui assure sa protection et sa justice. Dans cette vision théorique et épurée, le rapport féodal apparaît simple. Dans la pratique, il l'est rarement, et pour plusieurs raisons.

Tout d'abord, ce rapport personnel, s'il engage des individus, n'engage pas nécessairement leurs descendants de la même façon. Or le démembrement du pouvoir au profit des comtes et des châtelains est une véritable appropriation. Les prérogatives du commandement entrent dans le patrimoine familial de ceux qui se les sont accaparées et sont donc laissées par eux en héritage à leurs enfants. Dès lors se posent une foule de questions primordiales. Les fiefs concédés aux vassaux sont-ils transmissibles à leurs enfants et, si oui, à quelle condition peut-on s'assurer de la fidélité de ces vassaux ? Les fiefs peuvent-ils être vendus ? Et ainsi de suite. Deux questions sont particulièrement importantes. D'abord, ces biens, autant les pouvoirs du seigneur que les fiefs des vassaux, peuvent-ils être divisés entre plusieurs héritiers, selon la vieille coutume franque ? Ensuite ces mêmes biens peuvent-ils être transmis à des femmes, puisque, aussi bien chez le seigneur que chez le vassal, ils commandent des activités (faire la guerre, rendre la justice) dont les femmes sont traditionnellement exclues ? Selon les lieux et les époques, on ne donnera pas toujours la même réponse à ces questions. Cependant, un fil directeur se dégage. Devant les nécessités du temps, c'est la primauté du militaire qui tend partout à l'emporter. Donc on évite de partager les biens seigneuriaux, surtout ceux qui entraînent d'importants pouvoirs de commandement (ainsi naît la règle dite de la *primogéniture,* qui réserve la totalité de l'héritage au premier-né). On évite aussi de les laisser aux femmes, chaque fois que cela est possible ; ou, si elles en héritent, on leur cherche au plus vite un mari sous la garde duquel seront placés les biens familiaux.

On le voit, ces profondes mutations entraînent le développement de stratégies familiales différentes, tout entières tournées vers la perpétuation à tout prix d'un lignage uni et fort. Hommes et femmes, chacun à sa manière, auront à se plier aux contraintes du maintien du lignage. Les mariages, plus que jamais, deviennent affaires d'alliances familiales plus que d'attraction personnelle entre les futurs époux. Nombre d'enfants sont destinés à l'Église ou au cloître pour ne pas grever le patrimoine familial. Les fils cadets écartés de l'héritage sont encouragés à chercher fortune sous d'autres cieux, et nous verrons que les armées des premières croisades trouveront en ces cadets laissés pour compte des recrues enthousiastes. Les femmes circulent de maison en maison. Bref, la reproduction du lignage autour du château, du patrimoine, du ban domine tout. Les mentalités occidentales, les rapports entre les sexes notamment, en resteront profondément marquées.

Il est une seconde raison pour laquelle la féodalité ne peut se comprendre par un simple schéma juridique. C'est que, né en une brève période tourmentée et en relation directe avec la garde des châteaux, le rapport féodal en vient à affecter tous les échelons de la société. Ce faisant, il se modifie en profondeur. Dans le jeu complexe des influences et des alliances entre châtelains et comtes, entre comtes et rois, la pratique se répand de sanctionner tous les rapports de dépendance ou de simple hiérarchie politique par un serment de type féodal. Seront assimilés à des vassaux tenant un fief tous les grands du royaume, même s'ils échappent dans la pratique à l'autorité royale. Seront assimilés à des fiefs tous les morceaux de territoire acquis par achat, échange, héritage ou conquête militaire. De sorte que se met en place un écheveau inextricablement complexe de relations de soumission et d'alliances personnelles, à tous les échelons de la société, du roi qu'on qualifie alors de seigneur *suzerain* (seigneur de tous les seigneurs, comme au sommet d'une pyramide) au dernier des vassaux.

Mais cette fictive pyramide, construction de l'esprit, est en réalité un assemblage hétéroclite de fidélités souvent contradictoires (il est possible d'être le vassal de deux seigneurs, pour deux fiefs différents), parfois théoriques (bien des vassaux agissent pour leur seul compte) et éminemment volatiles (par le biais notamment du *défi* et des guerres privées). Par là s'explique l'extrême mobilité de la carte politique de l'Europe du Xᵉ au XIIᵉ siècle. Il est cependant un propriétaire de biens qui a partiellement réussi, au prix d'énormes contraintes, à échapper à cet écheveau de dépendances. C'est le plus riche propriétaire foncier de l'époque : l'Église. Pour comprendre l'originalité de cette *immunité* de l'Église, il faut considérer de façon globale les courants qui agitent le peuple chrétien en des temps aussi troublés.

L'Église grégorienne

La masse des fidèles au tournant de l'an Mille, malgré la richesse et le prestige de l'Église, est encore bien loin de recevoir le message chrétien et de pratiquer la religion comme l'ont définie les Pères et les conciles de la période précédente. C'est que l'encadrement des laïcs, surtout du petit peuple des campagnes, est encore nettement insuffisant. Il est très difficile de connaître la mentalité des paysans, tous illettrés, de cette époque, faute de sources. Mais on sait que le clergé des paroisses rurales, souvent d'origine servile, parfois incapable de comprendre même les paroles des prières qu'il avait à réciter, ne suffisait pas à parachever l'évangélisation des masses, entreprise pourtant depuis un demi-millénaire.

On sait aussi, par les manuels de confession de l'époque, qui racontent les travers et les erreurs du peuple en matière de foi afin de mieux les corriger, que subsistait un grand nombre de pratiques superstitieuses dont l'origine païenne (germanique ou celtique) ne fait aucun doute : rites de fécondité autour de la famille et de fertilité autour de la terre, usage de plantes médicinales en d'étranges préparations, cueillettes nocturnes sous la pleine lune. Tous ces rites bien peu évangéliques inquiètent les clercs, suscitent réprobation puis condamnations répétées. Ils survivront cependant, de manière discrète, et prêteront le flanc à des accusations de plus en plus virulentes de connivences diaboliques, d'où émergeront peu à peu les modernes accusations de sorcellerie.

Mais ce déficit d'encadrement des fidèles n'est pas le pire problème de l'Église du Xe siècle. Faisant face à la vague irrésistible de féodalisation de la société, le clergé, aussi bien séculier que régulier, est lui-même entraîné dans le mouvement. La chose n'est du reste pas étonnante. Depuis la fin des temps mérovingiens, les rois ont pris l'habitude de gouverner avec le soutien des évêques qui les relaient dans les cités ; par conséquent, ils contrôlent la nomination de ces évêques, souvent constitués en dynasties, et assimilent même leurs richesses à des biens publics. Avec le déclin de l'ordre carolingien et la redistribution des pouvoirs, les évêques mais aussi les abbés des grands monastères sont soumis aux mêmes pressions que les laïcs : jurer hommage aux princes, recevoir l'hommage de leurs dépendants, user de stratégies familiales pour assurer la pérennité de leurs charges (on appelle *bénéfices* ces charges ecclésiastiques qui s'accompagnent de revenus appropriés), en accroître la valeur par des ventes, des échanges ou même des agressions militaires. Tout cela n'est pas non plus très évangélique et contrevient aux trois vœux traditionnels du clergé : pauvreté (car on parle d'accumulation de richesses), obéissance (car on est en présence de stratégies bien individualistes) et chasteté (car ces stratégies encouragent les concubinages ecclésiastiques qui assurent une descendance susceptible de recueillir les bénéfices comme s'il s'agissait d'un patrimoine privé). Le parallèle est saisissant : à la privatisation des honneurs de l'État correspond celle des bénéfices dans l'Église. Dans les circonstances, il n'est pas surprenant que moines et évêques ainsi occupés aient trouvé si peu de temps à consacrer à l'épanouissement spirituel du peuple.

Les inquiétudes des chrétiens

Des tensions, donc, se font jour partout dans l'Église, dès les derniers temps carolingiens et au cours du Xe siècle, qui provoqueront au XIe un vaste courant de réforme dont l'objectif central sera justement de recentrer l'Église vers sa vocation première pour la préserver de l'influence des laïcs. Le premier signe annonciateur de cette réforme est probablement la fondation à Cluny, au cœur de la Bourgogne franque, d'un monastère bénédictin promis à un avenir remarquable. Sous la gouverne d'abbés énergiques et clairvoyants, Cluny organise sa règle et sa liturgie autour de la célébration par toutes les voies possibles de la grandeur de Dieu et de l'Église. Elle obtient surtout de dépendre directement du pape de Rome et non de l'évêque local, ce qui lui permet d'échapper dès l'origine aux compromissions avec le monde laïc, si courantes à l'époque. À partir de ce noyau fondateur essaiment des abbayes qu'on dira *filles* de Cluny, plusieurs centaines dans toute l'Europe en très peu de temps. Richement dotées, toutes ces maisons religieuses, à l'instar de la maison mère, échappent au contrôle des puissants seigneurs laïcs et ecclésiastiques. Elles constituent donc tout au cours du Xe et de la première moitié du XIe siècle un vivier de penseurs indépendants, très critiques à l'égard des évêques du temps, capables d'élaborer des idées originales sur les rapports entre clercs et laïcs et fondées, évidemment, sur la suprématie du genre de vie monastique qui est le leur.

Mais hors des monastères, des remous agitent aussi bien clercs que laïcs. À Orléans, à Arras et dans plusieurs autres villes au commencement du XIe siècle, des clercs savants, formés dans les écoles, sont envoyés au bûcher pour avoir ouvertement condamné les abus, les richesses et les pouvoirs de l'Église. À Milan et en Lombardie, à la même époque, des laïcs qu'on appellera les *patarins* suscitent de vraies émeutes contre un clergé partout compromis dans les affaires des laïcs et inapte à assurer l'encadrement spirituel du peuple. De même en plusieurs foyers différents, en Lombardie, en Languedoc, en Champagne, sans qu'on puisse savoir s'il y a vraiment une origine commune, renaît la vieille hérésie manichéenne, pourchassée par saint Augustin six cents ans plus tôt, qui attribue à un dieu du Mal toutes les misères et les imperfections terrestres et qui est prompte à associer à ce dieu du Mal tous les mauvais clercs jusqu'au pape en personne. Sous le nom de *catharisme,* elle connaîtra dans le Sud de la France un succès retentissant.

Enfin, toujours dans les décennies qui suivent l'an Mille, décidément fécondes en interrogations religieuses, une autre inquiétude spirituelle vient agiter les chrétiens et bouleverser les structures de l'Église : le renouveau du millénarisme. Loin d'être associé à des « terreurs de l'an Mille » qui n'ont existé que dans l'imagination fertile des historiens modernes, le millénarisme est un courant de pensée presque aussi vieux que l'Église qui, en se fondant sur des passages obscurs et allégoriques de l'Apocalypse selon saint Jean (livre saint, rattaché aux Évangiles), annonce l'avènement d'un millénaire de bonheur et de perfection terrestres avant la fin des temps. Nombre de prophètes se sont levés à toutes les époques pour chanter la venue de ces temps nouveaux, la fin des pouvoirs de l'Église, des riches, et ainsi de suite. Ferment d'une agitation parfois révolutionnaire, le millénarisme aussi connaît un regain de faveur auprès des laïcs et de nombreux clercs du XIe siècle.

Le courant réformateur

En somme, menacée par la turbulence féodale, assiégée par des laïcs inquiets, l'Église se doit de réagir avec force. Un courant de réforme, issu de l'inspiration clunisienne, émerge alors, qui atteindra le sommet de la hiérarchie, c'est-à-dire les papes eux-mêmes, au milieu du XIe siècle. Un vaste train de mesures sanctionnées soit par des conciles (tel celui de Latran en 1059), soit par des décrets pontificaux, commentées par une foule de théologiens à Rome, dans l'Empire germanique, dans les royaumes, prendra le nom de réforme *grégorienne* (du nom du pape Grégoire VII, moine formé à Cluny, pape de 1073 à 1085 et l'un des principaux instigateurs du mouvement). Les deux grands pôles de cette réforme, complémentaires, concernent d'une part la situation de l'Église par rapport au monde des laïcs, d'autre part la situation du pape à la tête de l'Église et de la chrétienté.

Dans la pensée grégorienne, tous les clercs (évêques, prêtres et moines), liés par leurs vœux, doivent rompre avec le monde impur des laïcs pour échapper à son influence. Les réformateurs stigmatisent et condamnent en bloc sous le terme de *simonie* toutes les pratiques associées à l'achat ou à la vente des bénéfices ecclésiastiques ou à la transmission de ceux-ci par voie d'héritages ou de stratégies familiales. Finies en théorie ces dynasties d'évêques, de père en fils ou d'oncle en neveu, qui étaient devenues si courantes. S'impose le retour à l'ancienne règle de l'élection des évêques ou des abbés par leur clergé ou, une pratique destinée à s'étendre considérablement, la nomination par la cour pontificale elle-même. Désormais les grands de l'Église seront recrutés en fonction de leurs qualités chrétiennes ou de leur fidélité au pape, non plus en fonction de leur liens de parenté avec les rois, les ducs ou les comtes.

Mais pour que l'Église puisse échapper à l'emprise des lignages nobles et des tentations laïques, il fallait raviver et consolider une ancienne règle, souvent enfreinte jusque-là, celle du célibat des prêtres. Pour appartenir totalement à l'Église, le clerc doit désormais renoncer de façon absolue à toute espèce de famille ou de lignage. Cet impératif issu de la réforme grégorienne, qui renforce le vœu traditionnel de chasteté, a imposé dans l'Église une règle de célibat si forte qu'elle perdure encore aujourd'hui dans l'obédience catholique.

Le second pôle de la réforme concerne la tête de l'Église, le pape lui même. Lui aussi doit échapper à l'influence des laïcs. Trop souvent au xe siècle et encore au xie, le pape était choisi non pour ses qualités spirituelles mais par suite de tractations et d'influences des grandes familles de la noblesse de la ville de Rome, dont dépendait sa sécurité. Cette pratique simoniaque par excellence fut abolie par le concile réformateur de 1059 qui instaura la création, parmi les principaux évêques de la chrétienté, d'un collège de *cardinaux* dont la fonction primordiale serait d'accourir à Rome, dès la mort du pape, pour se réunir dans le secret (*conclave*), hors de toute influence extérieure, afin de choisir un successeur au trône de saint Pierre.

Le pape ainsi élu devait assurer avec fermeté son gouvernement sur l'Église et sur la chrétienté. Ici les écueils furent nombreux. D'abord la chrétienté se réduisait désormais à sa portion latine, celle d'Occident. Depuis des siècles, les contacts entre les chrétiens de Byzance et ceux de Rome se faisaient de plus en plus sporadiques. Le fossé linguistique (on ne comprenait à peu près plus le grec en Occident) et théologique (les conciles occidentaux et orientaux avaient interprété chacun à sa façon les grandes questions dogmatiques) paraissait presque infranchissable. Une sincère tentative de rapprochement et de conciliation entre le pape Léon IX et le patriarche Michel Cérulaire ne fit qu'accumuler les malentendus et aboutit en 1054 à la consommation d'une rupture définitive (le *Grand Schisme*) entre les deux Églises.

Face aux États d'Occident, la papauté réformée se heurta immédiatement à une résistance considérable. Dans l'Empire germanique surtout, le souverain asseyait son autorité sur une poignée de comtes-évêques qui lui étaient tout dévoués. Comment pouvaient-ils servir deux maîtres ? Modifier ce système risquait d'ébranler en profondeur les assises du pouvoir. En Angleterre, le duc Guillaume le Conquérant devenu roi après 1066 avait amené avec lui des prélats acquis à la réforme grégorienne. Après les avoir généreusement pourvus de bénéfices dans son nouveau royaume, il entendait qu'ils lui restent fidèles. En France de même, un bon quart des évêchés étaient directement pourvus par le roi. La fin du XIe siècle et les premières décennies du XIIe siècle sont entièrement dominées par les conflits parfois violents entre les princes et l'Église sur cette question clef qui, bien au-delà d'une simple réforme spirituelle, sape désormais les fondements du pouvoir civil. Après des épisodes dramatiques, comme cette pénitence publique que dut faire l'empereur Henri IV, pieds nus dans la neige, sous les murs de la forteresse de Canossa en 1077, le conflit Empire-papauté prend fin en 1122 par un compromis sur la nomination et l'investiture des évêques impériaux (le *concordat de Worms*). Mais cette entente est loin d'éteindre tous les feux de la discorde entre des puissances qui toutes deux revendiquent une domination universelle. Car c'est désormais cet enjeu fondamental de la suprématie de l'un ou de l'autre pouvoir, spirituel ou temporel, qui traverse les discordes ultérieures et se lit en filigrane dans cette querelle des investitures.

Parcourue par un profond désir de changement, souvent en conflit avec le monde des laïcs, l'Église voit naître en son sein des mouvements qui, tous, s'inspirent de l'esprit de la réforme bien que leur origine soit diverse. Ainsi dans les monastères clunisiens apparaît un besoin de retour aux sources du mouvement monastique, en rupture avec la richesse et la puissance des grands établissements traditionnels. Ce courant se cristallise autour de la fondation des abbayes de Cîteaux (1098) puis surtout de Clairvaux (1115) autour de la personne de saint Bernard (1090-1153). Une nouvelle règle de vie organise l'existence de ces moines *cisterciens,* fondée sur les valeurs retrouvées de la solitude, du travail et du silence. Quittant les campagnes trop densément habitées, ces moines préfèrent le refuge de la forêt ou de la montagne, où ils auront à défricher et à mettre en valeur des terres jusqu'alors vierges, espaces de liberté pour les paysans qui les accompagnent. Renonçant aux riches décorations de l'église clunisienne, ils préfèrent une architecture sobre et dépouillée de toute parure inutilement coûteuse. L'art de l'époque, art *roman,* encore proche comme son nom l'indique des anciennes formes romaines, se trouve ainsi épuré chez les cisterciens et ramené à un simple jeu de masses et de volumes propices au recueillement. Comme le mouvement clunisien deux siècles auparavant, ce renouveau cistercien connaît à son tour un déploiement extrêmement rapide, signe qu'il répond bien aux attentes spirituelles de son temps. Nous verrons bientôt son effet sur l'essor économique des campagnes du XIIe siècle.

En marge des cisterciens, bien d'autres mouvements prennent naissance spontanément, autour des mêmes aspirations de solitude et de renoncement. Très souvent guidés par des laïcs menant une vie érémitique, certains feront souche et seront reconnus comme de nouveaux ordres religieux : ainsi en est-il des *chartreux* (1084) installés dans la solitude des Alpes autour de saint Bruno de Cologne, ou de l'ordre de Fontevraud (1101) qui accueille indifféremment hommes et femmes dans une communauté longtemps dirigée, fait remarquable pour l'époque, par une femme. Mais d'autres initiatives, qui relèvent pourtant du même élan, sont moins heureuses : ainsi ce cortège populaire guidé par Pierre l'Ermite en marge de la première croisade et voué au destin le plus tragique. Car nous touchons avec la croisade à un effet primordial de tous ces chambardements du monde chrétien : la construction de nouvelles idéologies de l'ordre social.

Les idéologies nouvelles

En effet, de telles réformes entre le Xe et le XIIe siècle dans l'Église, de tels bouleversements aussi dans l'ordre politique en train de se reconstruire sur des bases différentes, ne pouvaient pas ne pas avoir de répercussions sur les idées politiques et sociales, voire même sur l'ordre du monde. Car il faut désormais expliquer en un système cohérent ces bouleversements, les légitimer en les inscrivant dans un quelconque plan divin. À cette tâche se consacrent plusieurs des grands penseurs de l'époque. Leurs idées viennent donner un sens nouveau à la notion de paix ; elles ordonnent la société en trois groupes bien différenciés par leur vocation ; elles survalorisent la mission de la chevalerie au sein du groupe ; elles prônent, enfin, une vaste entreprise de pèlerinage collectif, synthèse de cet ordre nouveau, ayant pour nom la croisade.

Les mouvements de paix

L'insécurité chronique qui pèse sur les campagnes pendant la période trouble de l'encastellement suscite naturellement chez les paysans, les clercs et les moines soumis aux vexations et aux abus des maîtres du ban un mouvement de réaction spontanée qui bientôt prend la forme d'une réflexion articulée sur la notion de paix. À la toute fin du Xe siècle, au cœur de la tourmente, des évêques d'abord isolés puis de plus en plus nombreux réunissent des conciles locaux où ils prêchent une conception nouvelle de l'usage des armes et des rapports guerriers au sein de la société chrétienne. Dans une société encadrée et policée par l'Église, ils parlent d'une *paix de Dieu* ou, plus tard, d'une *trêve de Dieu*. Ils posent ainsi des bornes de plus en plus restrictives à l'usage de la force dans les rapports sociaux. Est désormais interdit l'usage des armes et de la violence dans des lieux placés sous la sauvegarde de Dieu : les églises, évidemment, et l'enclos consacré qui les entoure, centre de la vie sociale du village, où généralement se trouve le cimetière. Interdit aussi l'usage de la force contre les pauvres et les démunis, c'est-à-dire contre ceux qui ne portent pas les armes : les clercs, cela va de soi, mais aussi les femmes, les enfants, les paysans et les marchands dont la vocation n'a rien de militaire. Bientôt le mouvement se radicalise, allant jusqu'à interdire toute forme de violence armée pendant plusieurs jours de la semaine et pendant des périodes entières de l'année, dans les grands cycles du calendrier liturgique.

Ainsi se crée autour des guerriers une série d'interdits selon les lieux, les temps ou les personnes, qui restreint progressivement leur liberté militaire. Comment cette idéologie de la paix a-t-elle pu s'imposer ? À l'autorité spirituelle de l'Église s'est ajoutée, dans de grands rassemblements au XIe siècle, la solidarité des paysans. Conduits par leurs évêques en de véritables milices populaires, ceux-ci ont su mettre un frein relatif à l'arbitraire des exactions de cette classe seigneuriale naissante. Dès la fin du XIe siècle, les idées de paix triomphent et se généralisent dans l'ensemble de l'Europe occidentale.

Les conséquences de ces mouvements de paix sont incalculables. À l'Église ils proposent une vocation nouvelle, non plus seulement spirituelle mais aussi temporelle, d'intervention immédiate, et parfois même armée, dans les problèmes des laïcs. Aux paysans ils enseignent les leçons de la solidarité du nombre pour résister aux pressions de quelques-uns. Églises et cimetières protégés s'affirment maintenant comme le noyau central de la *paroisse,* communauté spirituelle guidée par un curé mais aussi, et peut-être surtout, communauté paysanne susceptible de prendre en charge ses affaires communes, allant de la défense du village au partage des pâturages collectifs en passant par l'organisation de la charité et l'entretien de l'église. Une structure désormais fondamentale du monde chrétien. À tous enfin, ces mouvements enseignent la nécessité de prêter attention aux plus démunis de la société : pauvres, malades et pèlerins. De cette époque datent les grandes fondations d'hospices, de léproseries et de maisons Dieu, refuges mais pas encore hôpitaux au sens moderne. L'Église, ici encore, fidèle à sa vocation de rassembler les pauvres contre les abus des grands, laisse sa marque sur ces fondations qui, toutes, ont un caractère religieux.

Une société d'ordres

Presque depuis les premiers temps chrétiens, on distinguait le monde des clercs de celui des laïcs. Tout, en effet, dans leur genre de vie, tendait à les opposer. Mais au XIe siècle, on se rend bien compte que s'il existe une certaine homogénéité du monde des clercs, surtout du fait des vœux de célibat et de pauvreté, il n'en va pas de même chez les laïcs. Le port et l'usage des armes chez certains, les structures féodales récemment mises en place, font prendre conscience d'un profond clivage entre deux classes à l'intérieur du groupe des laïcs. Seigneurs et paysans, puissants et faibles, guerriers et cultivateurs : peu importe comment on les désigne, leurs fonctions sont désormais bien spécialisées. Des philosophes, théoriciens de l'ordre social, ne s'y trompent pas, qui élaborent maintenant un schéma idéal de la société chrétienne en trois ordres ayant des fonctions bien distinctes. Les uns, au sommet de l'édifice social, sont les spécialistes de la prière, ce sont les clercs ; les deuxièmes sont les spécialistes du combat, les guerriers ; les derniers, qui constituent la masse de la population, sont voués au travail, au labeur, surtout au travail de la terre, seule fonction économique vraiment importante à l'époque, ce sont les paysans.

Cette vision idéale du monde n'est pas entièrement nouvelle au XIe siècle, on peut même en faire remonter l'origine aux anciennes castes des sociétés indo-européennes. Mais au XIe et surtout à partir du XIIe siècle, elle devient une sorte de schéma type, une manière unique et universelle qu'auront toutes les sociétés européennes de se définir. Il n'est pas encore question d'égalité entre les trois ordres ainsi distingués. Mais il est question d'intégration et d'interdépendance : les prières des uns et les armes des autres sont au service de tous, tandis que les paysans travaillent pour nourrir l'ensemble d'une société que l'on perçoit désormais comme un corps organisé sur la base de fonctions spécialisées et complémentaires. À partir de ce moment, avec le développement des villes et des métiers, le schéma se fera de plus en plus complexe, mais il demeurera jusque bien après la fin du Moyen Âge, en fait jusqu'à la grande vague égalitariste issue de la révolution industrielle, le miroir par excellence de l'ordre social « naturel ».

La chevalerie

Mais ce n'est pas tout d'assigner une fonction aux guerriers, ni même de restreindre par les institutions de paix l'usage qu'ils font de leurs armes. Le besoin d'un ordre fondé sur les valeurs chrétiennes amène dans le discours du temps une coloration fortement religieuse à la vie de ces seigneurs militaires, pour autant bien entendu qu'ils veuillent bien se conformer aux exigences élevées de moralité qu'on entend désormais leur inculquer. Ainsi prend forme puis triomphe la notion de *chevalerie,* si importante pour la noblesse médiévale, si présente encore dans les mentalités contemporaines. Pourtant le mot et l'idée sont d'origine bien modeste. Le chevalier, c'est d'abord un cavalier, un homme qui combat à cheval pour le service de son chef et la garde de son château. Mais les clercs s'emparent vite de cette idée de service et de combat pour lui donner une bien plus haute valeur morale : celle de service de Dieu et de combat pour l'Église dans la grande entreprise de l'institution de la paix. Le chevalier idéal, ce n'est évidemment pas ce prédateur qui détrousse les paysans, s'empare de leurs femmes ou pille les trésors des églises. C'est plutôt celui qui, sous la gouverne des conciles de paix, assure son soutien et sa protection au peuple désarmé, celui qui met ses armes au service « de la veuve et de l'orphelin », pour reprendre une définition qui remonte au XIIe siècle. Son éducation proprement militaire, fondée sur des entraînements guerriers ayant souvent l'allure de compétitions sportives (les *tournois*), est parachevée par une éducation chrétienne. Le cérémonial de l'*adoubement,* rite solennel de remise de ses premières armes au jeune homme devenu adulte, précédé d'une veillée de prières, est beaucoup plus qu'un rite de passage : c'est presque un sacrement, au sens religieux.

Mouvements de paix, société d'ordres, idéologie chevaleresque. L'époque est en pleine effervescence intellectuelle. Les plus illustres penseurs du temps, Bernard de Clairvaux, Jean de Salisbury, tant d'autres, ont contribué à l'édification de cette structure idéologique complexe, subtile, en prise directe sur la société de leur temps. Ils en ont accepté toutes les conséquences, et elles étaient redoutables. Les laïcs se trouvent complètement subordonnés à des clercs qui, eux, sont définitivement voués au renoncement et au célibat. Les paysans, les artisans et les marchands, au moment où, nous allons le voir, villes et campagnes sont en plein essor, se voient cantonnés dans une fonction « négative », fonction nourricière de service et de soutien des deux grands ordres de la société. Les femmes, surtout, sont victimes de ces constructions entièrement échafaudées par des hommes, qui plus est des clercs. Reléguées dans l'ombre, elles ne participent à cet ordre social que par le biais de la cellule familiale où on les veut d'abord et avant tout soumises à l'autorité de leur mari dans l'institution du mariage, érigé à cette époque en un sacrement théoriquement indissoluble. Cette vision pessimiste de la condition féminine s'explique en partie par la mentalité des hommes d'Église, astreints au célibat, soumis à la tentation, qui de tout temps ont eu tendance à rabaisser les femmes pour s'en protéger. Il s'explique aussi, nous l'avons vu, par les grandes mutations des xe et xie siècles qui mettent les stratégies lignagères, notamment l'établissement des garçons, au premier rang des préoccupations familiales. Mais paradoxalement commence à se développer à cette époque dans l'Église (avec le culte de la Vierge) et dans le monde laïc (notamment dans la poésie en langue occitane) une valorisation nouvelle de la femme qui fera aux derniers siècles du Moyen Âge contrepoids à l'image si négative des clercs grégoriens.

La croisade

Cette synthèse idéologique se concrétise dans la grande aventure militaire et spirituelle des *croisades,* c'est-à-dire des guerres menées par les chrétiens d'Occident pour s'emparer de la Terre Sainte, des lieux de la Palestine qui avaient vu la naissance, la Passion et la mort de Jésus-Christ. Quel meilleur terrain pour le déploiement des prouesses de la chevalerie ? Quelle meilleure occasion d'établissement pour les cadets de l'aristocratie, victimes des stratégies de primogéniture ? Quelle occasion aussi pour les clercs d'enrégimenter la société laïque en un projet de conquête et d'évangélisation à la gloire du Tout-Puissant ! Au xie siècle, les conditions sont réunies qui rendront possibles ces entreprises militaires placées sous le signe de la croix.

La première de ces conditions, c'est l'instauration de la paix en Occident. Pour canaliser l'élan guerrier de la noblesse vers un but unique et lointain, il fallait restreindre encore sa marge de manœuvre dans ses terres européennes. L'important concile convoqué en 1095 par le pape Urbain II (1088-1099) à Clermont, en Auvergne, y voit. Désormais l'institution de la paix de Dieu, jusque-là affaire locale, y est promulguée à l'échelle de la chrétienté.

La seconde condition tenait à l'existence d'un motif précis d'intervention en des territoires autrefois byzantins, mais depuis longtemps occupés par les Arabes. Ce motif, on le trouve dans le danger, réel ou appréhendé, que font peser les Turcs sur les chrétiens d'Orient. Car nombreux sont les chrétiens qui, en Syrie et en Palestine, avaient continué de pratiquer leur religion sous la protection de l'islam venu d'Arabie. Mais à partir du milieu du XIe siècle, de nouveaux envahisseurs venus d'Extrême-Orient, les Turcs, s'établissent dans ces régions et menacent aussi bien l'Empire byzantin auquel ils enlèvent d'importants territoires (la future Turquie) que les provinces musulmanes de la Terre Sainte. Sous la domination turque, les chrétiens d'Orient et les pèlerins qui se dirigent vers Jérusalem sont parfois victimes de persécutions ou de spoliations. Il n'en faut pas plus à la papauté pour prêcher l'intervention militaire, après avoir excité les esprits par une habile propagande. C'est au même concile de Clermont que le pape prononce le célèbre discours par lequel il invite la chevalerie chrétienne à prendre les armes sous le signe de la croix pour aller délivrer le *Saint Sépulcre,* le tombeau du Christ. Il promet à ces milices non pas des richesses matérielles mais des récompenses spirituelles, les seules qui relèvent en principe de son autorité : des *indulgences,* c'est-à-dire la rémission des péchés pour ceux qui tomberont au combat.

Sa prédication vient à point nommé, et le succès est immédiat et dépasse largement les espérances pontificales. Non pas une mais plusieurs armées de Francs, de Provençaux et de Normands sont prêtes à prendre le départ l'été de 1096 sous la conduite d'un chef militaire, le comte de Toulouse, et d'un chef spirituel, l'évêque du Puy, Adhémar de Monteil. Quelques mois auparavant était partie, sous la direction de ce prédicateur populaire, Pierre l'Ermite, une expédition improvisée, confondant pèlerinage et guerre, armée de sa seule foi et de son enthousiasme. Ces paysans et ces petites gens couraient à l'hécatombe, eux qui allaient se faire massacrer dès les premiers jours de leur arrivée en territoire turc, jetant un sombre présage sur le destin de l'entreprise des croisades.

L'armée proprement dite de cette première croisade, après trois longues années d'épreuves, décimée par la famine et déchirée par les dissensions entre ses chefs, finit par remporter la victoire au prix d'un terrible bain de sang : Jérusalem, berceau de l'Église et de la vie du Christ, tombe aux mains des croisés en 1099. Cette victoire n'est pas celle de l'Europe ni celle de la civilisation, mais bien celle de la papauté grégorienne. Chefs spirituels incontestés, les papes sont maintenant en mesure de suggérer, sinon de dicter, leur conduite aux laïcs, des paysans aux seigneurs, de gérer la guerre et la paix, bref de s'immiscer dans les affaires temporelles des États. Ils ne s'en priveront d'ailleurs pas dans les siècles qui suivront. Ainsi dans les territoires conquis de cet *Orient latin,* comme on l'appellera, prend naissance un royaume dit de Jérusalem, directement soumis à la puissance pontificale. Cette stratégie d'étroit contrôle des nouveaux États ne se limite pas à la Terre Sainte. Les papes de l'époque l'appliquent indistinctement en Italie du Sud, à ce royaume normand créé sous leur instigation en 1059 ; ils l'adoptent en Espagne, aux petits États chrétiens qui pendant le XIe siècle, autre forme de croisade, reprennent progressivement du terrain aux Arabes, dans cette entreprise qui a pour nom la *Reconquista* ; ils l'imposent enfin aux royaumes chrétiens du Nord et de l'Est de l'Europe, dont nous avons déjà évoqué la fondation.

Ce triomphe pontifical ne doit cependant pas masquer la faiblesse structurelle de l'implantation latine en Terre Sainte. Le royaume de Jérusalem (et trois principautés plus petites qui lui sont vaguement inféodées), dès sa création, est menacé d'asphyxie à mesure que s'organise la résistance arabe. Il faudra plusieurs entreprises de soutien pour lui assurer une survie bien précaire jusqu'à la fin du XIIIe siècle. Quoi qu'il en soit, l'Europe de 1099 est à un tournant décisif de son histoire. Deux siècles se sont écoulés depuis l'effondrement de l'ordre carolingien. Les pouvoirs, d'abord démembrés jusqu'à l'échelon le plus local, sont en voie de réorganisation autour de quelques grands pôles étatiques. En ce commencement du XIIe siècle, les vrais maîtres de l'Europe sont l'empereur germanique et surtout le pape. Ce dernier, ajoutant à son autorité spirituelle un véritable pouvoir temporel supra-étatique, semble en voie de s'imposer partout.

Chapitre III

La naissance du monde moderne

Le succès, même éphémère, de cette entreprise de croisade de 1096 à 1099 témoigne sans aucun doute de la vitalité du monde chrétien de l'époque. Les profondes mutations politiques, culturelles et religieuses que nous venons de présenter ne doivent pas occulter un fait primordial : l'Europe, au moins à partir du XIe siècle, parfois même plus tôt, est en plein essor. Sa population s'accroît, défriche de nouveaux territoires, se nourrit plus et mieux. Les campagnes réalisent des surplus qui, n'étant pas entièrement absorbés par les redevances seigneuriales, peuvent être écoulés sur les marchés locaux et dans les foires urbaines. Délaissées depuis longtemps, les villes connaissent un regain de prospérité, et leur nombre se multiplie. Cette accumulation collective de richesses crée une classe de consommateurs de produits de luxe qui fait revivre le grand commerce et les échanges internationaux, eux aussi longtemps délaissés. L'argent étant moins rare, il vient remplir les coffres de ces marchands entrepreneurs urbains de Flandre et d'Italie, premiers banquiers du monde moderne. Il alimente aussi les recettes du fisc par le biais d'impôts de toute nature et contribue à la renaissance de l'autorité publique, celle d'un État qui préfigure directement l'État moderne, voué au maintien de l'ordre et de la justice sur un territoire qui de plus en plus souvent correspond à une entité nationale.

Toutes ces innovations sont évidemment liées entre elles, et il est à peu près impossible de leur attribuer une cause première ou unique. On a longtemps pensé que la fin des dernières invasions hongroises et normandes au Xe siècle avait favorisé l'essor des échanges et le retour de la prospérité. On affirme souvent aujourd'hui que ce serait plutôt la pression seigneuriale, celles des fameuses *mauvaises coutumes* qui, obligeant les paysans à livrer une part plus importante de leurs produits, les aurait contraints à mieux s'organiser et à exploiter plus soigneusement leurs propriétés.

Essor rural, essor urbain

Il semble que l'essor des campagnes et l'essor des villes soient simultanés. L'un n'a peut-être pas entraîné l'autre ; cependant, les deux sont intimement liés et se nourrissent d'une poussée démographique significative. Il est difficile, voire impossible, d'évaluer le nombre d'habitants de l'Europe avant le XIe siècle, faute de sources. Les données que nous livre l'archéologie (examen des squelettes trouvés dans les cimetières du haut Moyen Âge) permettent de conclure à de fréquents problèmes de malnutrition. Elles permettent surtout de mesurer un taux extrêmement élevé de mortalité infantile, qui a pour conséquence d'abaisser l'espérance de vie. Il est vraisemblable que l'espérance de vie avant l'an Mille ne dépasse guère trente ou trente-cinq ans, une situation tout à fait comparable à celle des pays les plus mal lotis du tiers-monde d'aujourd'hui. Hygiène précaire, sous-alimentation chronique, surmortalité des femmes et des enfants : autant de limites à la croissance d'une population.

Autour de l'an Mille, des indices d'abord, des chiffres ensuite confirment que ce modèle démographique est remplacé par un autre, beaucoup plus dynamique : multiplication du nombre des enfants qui survivent à leurs parents, alimentation plus abondante et plus diversifiée (c'est encore l'archéologie qui nous renseigne à ce sujet), espérance de vie plus élevée, bien qu'encore nettement inférieure à celle que la médecine moderne permet d'atteindre au XXe siècle. L'Angleterre est un bon observatoire de ce dynamisme entre le XIe et le XIVe siècle. En 1086, vingt ans après la conquête, le duc-roi Guillaume ordonne une immense enquête sur ses nouvelles possessions. Conservée scrupuleusement sous le nom de *Domesday Book,* cette enquête nous permet aujourd'hui d'évaluer la population de l'île à la fin du XIe siècle à un peu plus de un million d'âmes. Deux cents ans plus tard, à l'occasion de la levée dans le même pays d'un impôt militaire (qui soulèvera la grogne des contribuables), la célèbre *Poll Tax,* on estime désormais la population à plus de trois millions d'habitants. Ces chiffres sont conformes à la réalité. Ils témoignent d'un triplement de la population en deux cents ans. Ailleurs en Europe, nous ne possédons pas de renseignements aussi précis, mais une convergence d'indices permet de croire que, un peu partout, la population s'est accrue dans les mêmes proportions, un peu moins qu'en Angleterre peut-être. Une estimation approximative permet d'avancer pour l'ensemble de l'Europe occidentale les chiffres suivants : entre 25 et 30 millions vers l'an Mille, entre 55 et 70 millions vers 1300.

Une croissance très importante, donc, qu'il ne faut cependant pas surévaluer. La population du monde a augmenté bien plus vite en deux générations au XXe siècle que pendant les trois siècles de croissance médiévale. En 1300, à son taux de croissance le plus élevé (on verra qu'ensuite elle décline provisoirement), la population est près de dix fois inférieure à ce qu'elle est aujourd'hui. Tout est donc relatif et dépend surtout des moyens de subsistance. Alors que la croissance démographique contemporaine s'accompagne d'un état de sous-alimentation chronique, celle du Moyen Âge au contraire est portée par une prospérité des campagnes et un accroissement des rendements agricoles.

L'ouverture des campagnes

Les indices de cette croissance sont tellement omniprésents entre le XIe et le XIIIe siècle qu'on parle souvent (avec quelque exagération peut-être) de révolution agricole. Qu'en est-il au juste ? Des progrès techniques décisifs modifient en profondeur les anciennes pratiques agricoles, du moins en Europe du Nord. Le plus important est la diffusion de la lourde *charrue*. Remplaçant l'ancien *araire,* beaucoup plus léger, la charrue avec ses roues et son soc de fer permet de tourner le sol en profondeur, donc d'en faciliter la régénération et d'augmenter ainsi le rendement des cultures. Son introduction permet de généraliser la pratique de la *rotation triennale* : une seule année de repos ou *jachère* sur un cycle de trois ans, en remplacement de l'ancienne rotation biennale qui obligeait à laisser les terres en friche un an sur deux. Progrès énorme, donc. Mais cette charrue requiert une force de traction considérable et son introduction impose progressivement le cheval, avec un attelage amélioré, comme bête de trait. Coûteux à l'achat et à l'entretien, le cheval se nourrit d'une avoine dont on généralise la culture dans le cycle de la rotation triennale. Le nouveau couple cheval-charrue, à la fois plus rapide et plus efficace, marque un tournant majeur dans l'essor des campagnes européennes au cœur du Moyen Âge. Pas partout cependant, car les terres plus sèches des pays méditerranéens sont moins propices à cette culture intensive et conserveront longtemps des méthodes culturales plus archaïques.

Ces progrès témoignent surtout d'une attention plus vigilante, chez les seigneurs comme chez les paysans, à l'exploitation du sol. C'est l'époque où se multiplient les entreprises de *défrichement.* Initiatives individuelles de villageois qui grugent la lisière des forêts, initiatives seigneuriales ou monastiques qui encouragent la création de terroirs entièrement nouveaux, attirant les paysans par des charges allégées et des garanties plus grandes de liberté personnelle : les défrichements sont un mot clef de la période. À une Europe encore largement couverte de forêts au Xe siècle, où parfois (surtout dans le Nord) les villages ne sont que des clairières de peuplement, succède à la fin du XIIIe siècle une Europe « pleine », où forêts et friches ont tellement reculé que la recherche de bois ou de pâturages devient un réel problème. Cette domestication de l'espace s'accompagne également sur le plan des mentalités d'un recul du mythe de la forêt sauvage, enchantée, mystérieuse qui est si caractéristique de la littérature médiévale. Dans ces villages si fréquemment nommés *villeneuve* ou *bourgneuf,* où des solidarités paysannes souvent plus grandes se conjuguent à une richesse accrue, on verra apparaître les premières chartes des libertés.

Les seigneurs propriétaires du sol ne sont pas en reste, eux aussi se soucient d'obtenir de meilleurs revenus. De cette époque datent les premiers traités d'agriculture, témoins éloquents d'une volonté d'exploitation rationnelle. Les investissements seigneuriaux se multiplient aussi, construction de moulins pour maximiser les profits tirés du monopole *banal* apparu au Xe siècle ; construction aussi de *granges.* Bien plus que de simples bâtiments, les granges médiévales sont des exploitations complètes, associant terres et bâtiments, cultures et élevage, souvent apparues dans le sillage des défrichements. Les moines cisterciens, que leur vocation originelle amenait au cœur des solitudes inhabitées, ont érigé nombre de ces granges qui leur ont attiré à la fois des paysans et des profits !

Enfin les maîtres du sol commencent à associer les paysans, timidement d'abord puis couramment après le XIIIe siècle, aux profits de la terre. Apparaissent ainsi des contrats de location, *fermage* ou *métayage,* qui permettront aux paysans les mieux équipés d'accumuler d'intéressants profits et d'atteindre occasionnellement une richesse égale, voire supérieure à celle des petits seigneurs. Aux derniers siècles du Moyen Âge, on les appellera les *laboureurs,* car ils sont propriétaires d'au moins un attelage de labour, pour les différencier des *brassiers* ou *manouvriers* relégués progressivement à un statut souvent misérable.

Les conséquences de cette « révolution » sont immenses et généralement positives. Amorcée peut-être à l'initiative de seigneurs avides de tirer un profit maximal de leurs terres et de leurs hommes, elle tourne au profit des uns et des autres. Les rendements globaux de l'agriculture sont en hausse. On estime le rendement moyen des céréales à deux ou à trois pour un à l'époque carolingienne, mais à six, à huit, voire parfois à douze pour un au XIIIe siècle. Terres anciennes et terres nouvelles produisent plus et nourrissent mieux : le pain « noir » de l'alimentation traditionnelle recule devant le meilleur pain de froment. Mais surtout, les menus s'enrichissent d'une plus grande quantité de protéines : celles des légumineuses (pois, fèves et lentilles), celles surtout des viandes que de plus en plus, et souvent en quantités impressionnantes, on trouve sur la table des seigneurs comme sur celle des paysans.

Cette croissance entraîne des surplus. Surplus de production : le blé, la laine et le bœuf prennent le chemin du marché villageois où ils sont échangés contre des denrées essentielles telles que le fer, de plus en plus répandu dans les campagnes (en témoigne la multiplication à cette époque des forges rurales), contre des sous et des deniers aussi, espèces monétaires qui commencent à irriguer les campagnes. Surplus d'hommes, aussi. Plus nombreux, les rejetons des familles paysannes vont chercher fortune soit dans les entreprises de défrichement, soit dans les villes en pleine croissance. Surplus, enfin, et peut-être surtout, de liberté. Il semble que ce soit vraiment pendant ces siècles centraux du Moyen Âge que les habitants des campagnes européennes pour la plupart (pas partout, certes) deviennent les agents organisés de leur propre développement. La communauté qu'ils forment autour de l'église paroissiale joue un rôle fortement structurant : grâce à elle et à ses institutions (notamment l'assemblée des hommes ou *parlement* villageois et la *fabrique* ou la *confrérie* responsables de l'entretien de l'église), les paysans gèrent leurs affaires dans un esprit communautaire. Organisation collective des cultures, maintien de pâturages communs où même les plus démunis peuvent envoyer une ou deux têtes de bétail sous la garde d'un berger communal. Surtout, et de plus en plus souvent, amélioration des rapports avec les seigneurs. On commence à la fin du XIIe siècle à négocier des chartes des libertés qui balisent l'arbitraire seigneurial, diminuent les charges pesant sur les hommes et les femmes du village, surtout celles qui portent atteinte à leur liberté individuelle. Négociées souvent au prix fort, payées avec ce surplus monétaire venu des marchés locaux, ces libertés n'en ont pas moins marqué de façon irréversible le destin des campagnes européennes. Dès le milieu du XIIIe siècle, la liberté y est la règle, la servitude une exception de plus en plus anachronique.

L'attrait des villes

La grande gagnante de cette prospérité rurale, c'est cependant la ville. Une ville qui se développe partout en Europe à partir du Xe et surtout du XIe siècle, particulièrement dans ces deux grands pôles de prospérité dont nous aurons à reparler : la Flandre (des deux côtés de l'actuelle frontière entre la France et la Belgique) et le nord de l'Italie (la Lombardie, la Vénétie et la Toscane). Pourquoi cet essor soudain ? Ici encore, bien des causes ont pu jouer. On a évoqué bien sûr le retour de la paix, avec la fin des grandes invasions et l'institution de la paix de Dieu. On a attiré l'attention sur la relance des échanges commerciaux en Méditerranée à l'occasion de la première croisade. On a évidemment souligné l'importance de la croissance démographique et des progrès technologiques dans les campagnes, tant il est évident que sans surplus agricoles, la survie des villes n'est pas possible. Toutes ces explications sont certainement justes. On en a évoqué d'autres, plus aventureuses. Ainsi, le vieil adage germanique médiéval voulant que « l'air de la ville rend libre » a fait dire à plusieurs que les villes ont été à cette époque le refuge de nombreux serfs en fuite qui auraient cherché asile sous les remparts urbains. Certes, on ne peut exclure qu'occasionnellement des serfs aient ainsi trouvé refuge en ville, mais la portée réelle de l'adage ainsi évoqué est plutôt restrictive et il n'a pas pu servir de caution à un quelconque mouvement massif d'immigration urbaine, encore moins d'affranchissement.

Il est cependant une autre raison que l'on se doit

d'évoquer pour mieux comprendre la croissance urbaine de la période dite « féodale », c'est la volonté et l'initiative des seigneurs eux-mêmes, à commencer souvent par les plus grands. Il serait erroné de croire, comme on l'a si souvent enseigné, que l'essor des villes se fait uniquement en réaction et en opposition à une sorte d'anarchie féodale. Bien au contraire, les premiers élans de cette croissance apparaissent souvent par la volonté des nouveaux maîtres d'exploiter au maximum leurs domaines, leurs ressources et leurs hommes. Les comtes de Flandre aux XIe et XIIe siècles ont une véritable politique de développement des agglomérations urbaines, favorisant l'implantation des métiers de la draperie qui feront la prospérité de la région, facilitant la circulation commerciale, encourageant l'immigration, organisant même le lotissement de terrains en périphérie des villes pour l'installation des nouveaux venus. Ils accordent, comme on commence à le faire au même moment dans les pays de défrichement, des libertés nouvelles aux bourgeois, aux marchands et aux artisans : liberté de voir à leurs affaires en toute justice, de s'assembler pour prendre des décisions d'intérêt commun, de gérer leur patrimoine personnel et surtout de léguer sans entraves leurs biens à leurs enfants. En somme, c'est un peu le même mouvement d'organisation et d'affranchissement que celui des ruraux et des villageois à la même époque. À ceci près que, comme nous allons le voir, les citadins accumulent une telle richesse et un tel pouvoir que les enjeux associés à leur liberté et à leur indépendance seront beaucoup plus considérables.

Artisans et marchands apparaissent à peu près en même temps dans ces villes. Du reste, ce sont souvent les mêmes individus qui concentrent entre leurs mains des activités de production et des entreprises commerciales. Le phénomène sans doute le plus remarquable dans cette période de développement, à partir du milieu du XIe siècle surtout, est l'essor de l'industrie *drapière*, c'est-à-dire de la fabrication de draps et de tissus de laine. Probablement accéléré par une importante innovation technologique, l'invention du métier à tisser horizontal, de type moderne, le développement de la draperie centralise autour de quelques grands entrepreneurs une foule d'activités économiques nouvelles : élevage du mouton à grande échelle, d'abord en Flandre puis massivement en Angleterre et un peu partout en Europe ; multiples activités de transformation de la laine brute, depuis le cardage et le tissage jusqu'à la teinture et l'apprêt final de draps de première qualité ; commercialisation et exportation enfin qui vont irriguer d'importants circuits commerciaux. Ces métiers amènent du travail à la fois dans les campagnes où les femmes notamment filent la laine au *rouet* (autre innovation de l'époque), et dans les villes où des ateliers emploient une main-d'œuvre peu spécialisée, peu rémunérée, immigrée des campagnes voisines. Riches marchands, prospères artisans et journaliers misérables : la population des villes est extrêmement diverse mais solidaire sur au moins un point : ses activités ne dépendent pas directement de l'agriculture. Elles mettent les citadins en relation constante avec le monde extérieur, par le biais de l'exportation. Et cette solidarité crée des liens d'intérêt commun qui, au-delà des différences socioéconomiques, donnent une grande unité au mouvement d'émancipation juridique et politique des villes.

Car ces villes, d'abord en Flandre (Gand, Bruges, Ypres, Arras, parmi bien d'autres) et en Italie (d'abord Gênes, Pise, Venise, puis Milan, Florence et plusieurs dizaines de villes de moindre importance), puis partout en Europe, deviennent toutes des foyers de liberté. L'arbitraire des exactions seigneuriales, si lourd dans les campagnes, apparaît vite insupportable aux citadins. Marchands et bourgeois s'unissent dans des associations parfois secrètes, *ghildes* ou confréries, dont le but est d'élargir le cercle des libertés commerciales, individuelles, politiques des habitants de la ville. Pacifiquement, comme cela est généralement le cas dans les pays méditerranéens, après des négociations avec des seigneurs qui souvent habitent eux-mêmes la ville et trouvent des avantages à cette émancipation ; ou dans la violence des conjurations et des révoltes, comme dans bien des villes françaises (Laon en 1114 par exemple) où des seigneurs réticents, souvent évêques ou abbés, ont dû finir par accepter l'instauration de ces *communes,* structures d'un pouvoir exercé par des *maires* et leurs conseillers, les *échevins,* élus par la population, préfigurant nos modernes institutions municipales.

Une civilisation urbaine

Mais que cet affranchissement ait été gagné dans la paix ou dans le sang, qu'il ait été précoce (dès avant 1100 en Italie) ou tardif (seulement au XIIIe siècle dans plusieurs régions), il a définitivement marqué la vie politique, les structures économiques et la civilisation du Moyen Âge. Soulignons-en déjà les acquis les plus évidents et les plus anciens, sans oublier que tous les développements ultérieurs de l'histoire médiévale (jusqu'à l'époque contemporaine d'ailleurs) seront désormais le fait d'une civilisation *urbaine,* c'est-à-dire dans laquelle les villes sont le pôle et le moteur du développement, même si jusqu'au XVIIIe siècle au moins, une majorité de la population continue de vivre et de travailler dans les campagnes.

Le principal acquis est sans doute d'ordre juridique et institutionnel. La conscience de former une communauté (le mot latin *universitas* qui, avant de signifier l'université au sens actuel, désigne toute forme de groupe ayant une existence juridique propre) est fondamentale à cet égard. Cette responsabilité collective des citadins dans la gestion de leurs propres affaires les amène à intervenir dans plusieurs domaines : la construction et l'entretien des remparts, orgueil de l'indépendance urbaine, est l'affaire de tous. L'hygiène publique, l'assistance aux plus démunis, les travaux de voirie sont aussi pris en charge par le groupe. Des équipements économiques d'intérêt collectif (grues de bois dans les ports, halles aux draps, fontaines et marchés couverts) sont érigés à frais communs. Le maire et les échevins (ou les *consuls* dans les villes méditerranéennes) doivent lever des impôts et les répartir sur le groupe, nommer des fonctionnaires subalternes, bref, mettre en place toute une structure administrative. Des élections annuelles assurent un certain renouvellement de ces dirigeants urbains, instaurant des usages déjà presque démocratiques.

Toutes ces innovations, et le contraste marquant entre la ville enserrée dans ses remparts et le plat pays environnant, stimulent évidemment un fort sentiment d'appartenance et de fierté urbaine. L'*urbanité* (du latin *urbs,* « la ville ») des manières citadines tentant de plus en plus de se rapprocher du raffinement seigneurial, est aux antipodes de la *rusticité* d'une classe paysanne que la littérature satirique de l'époque décrit comme laide, grossière, bestiale presque. Ne nous laissons pas trop influencer par ces exagérations mais reconnaissons à ce développement urbain d'importantes contributions au renouveau de la culture, dès les XIe et XIIe siècles. Les somptueuses cathédrales érigées dans ces nouveaux foyers de richesse se démarquent de l'architecture romane, surtout rurale et monastique. Pour faire plus grand, plus lumineux, plus riche, sculpteurs, peintres et surtout architectes modifient en profondeur leurs techniques et leurs goûts. On appellera *gothique* cet art nouveau qui, à l'origine, est essentiellement urbain, avant de devenir plus tard un art seigneurial et un art de cour. De même, les foyers de culture et d'enseignement se déplacent du *scriptorium* et de l'école monastique vers la ville. Autour de l'évêque et du chapitre cathédral, les écoles urbaines reprennent la tradition d'un enseignement de plus haut niveau, un enseignement parfois très critique et en tout cas fortement influencé par cet environnement de liberté si caractéristique du phénomène urbain. De même, à l'échelon inférieur apparaissent les premières *écoles de grammaire,* ancêtres de nos écoles primaires et secondaires. Celles-ci n'accueillent plus seulement les futurs clercs mais aussi, et probablement surtout, les enfants (des deux sexes) de ces marchands et de ces bourgeois qui ont compris la nécessité de maîtriser la lecture, l'écriture et le calcul pour la gestion de leurs affaires. Trois cents ans après la mort de Charlemagne, la petite école prend sa place d'abord en ville puis, à la fin du Moyen Âge, un peu partout dans les campagnes, au service d'un ordre nouveau qui n'est plus le gouvernement impérial ou celui de l'Église, mais bien plutôt le triomphe de l'appât des richesses et de l'esprit capitaliste.

Le temps des hommes d'affaires

En effet, c'est bien le capitalisme moderne qui, lentement, prend naissance dans ce monde urbain, autour des marchands, des artisans et surtout de l'industrie drapière. Ce capitalisme est d'abord et avant tout *commercial,* c'est-à-dire que le moteur premier de son essor semble bien être lié aux échanges et à la richesse colossale qu'ils permettent aux plus audacieux entrepreneurs d'accumuler.

Les voies du grand commerce

Nous avons vu que le Moyen Âge s'ouvrait sur une singulière diminution des échanges commerciaux. Jamais totalement disparus cependant : à toutes les époques, du Ve au XIe siècle, des marchands souvent un peu aventuriers parcourent l'Europe, achetant ici, vendant ailleurs, selon les prix et les occasions. On les a surnommés « marchands aux pieds poudreux », en raison de cette extrême mobilité qui semble les caractériser. Dans l'économie essentiellement rurale du haut Moyen Âge, ils suffisaient à approvisionner les rares consommateurs d'épices, de soieries et de produits de luxe. Mais avec l'essor urbain et l'enrichissement de la nouvelle classe marchande surgissent des besoins nouveaux : besoin d'écouler une abondante production de draps de laine souvent de très grande qualité vers des marchés de consommateurs éloignés du lieu de la production ; besoin d'offrir à l'aristocratie seigneuriale fortunée, et aux bourgeois qui veulent imiter son train de vie, des produits de luxe pour la table et pour le vêtement. Pour combler ces besoins, les marchands poussent de plus en plus loin leurs expéditions, au nord comme au sud du continent.

Sur le versant sud de l'Europe, la Méditerranée redevient la route par excellence du grand commerce. Désormais partenaires commerciaux des chrétiens, les Arabes ne sont plus les redoutables pirates de l'époque précédente. Les marchands européens (entendons ici italiens, car il s'agit surtout d'eux, avec quelques Provençaux, quelques Catalans), ceux de Gênes, de Venise et de Pise organisent des convois annuels de navires vers les ports de l'Empire byzantin (Byzance même et les ports de la mer Noire), des États latins fondés par les croisés de 1099 (Tyr, Acre), et même du monde musulman (Alexandrie ou Damiette, en Égypte). Se faisant concéder dans ces villes des quartiers entiers qu'ils font gouverner par leurs propres consuls, ils achètent sur les rivages orientaux de la Méditerranée soit des produits locaux (soieries, cotons), soit des produits beaucoup plus exotiques, apportés d'Inde ou de Chine par les caravanes du désert (poivre, girofle, teintures et plantes médicinales), qu'ils revendent sur toutes les places commerciales européennes et pas seulement en Italie. D'Afrique, par Alexandrie ou par Tunis, ils importent l'ivoire, l'or et les esclaves (qui réapparaissent ainsi en Occident, non plus en tant que main-d'œuvre rurale sur le grand domaine mais en tant que domestiques « de luxe » dans la maison des grands marchands). La précocité de ce commerce italien, l'accès privilégié qu'il donne aux richesses légendaires de l'Orient, le rôle de soutien des marchands italiens dans le transport et l'approvisionnement des croisés, tous ces éléments assurent aux villes italiennes, dès le XIIe siècle, une prospérité jamais vue dans le monde occidental depuis les derniers temps de Rome.

Mais ils ne sont pas les seuls. Sur les rivages de la mer du Nord et de la mer Baltique, un autre espace commercial prend naissance à la même époque, maritime lui aussi. Ici les marchands sont flamands, anglais, allemands ou scandinaves. Ils drainent vers l'Europe les ressources des pays nordiques : laine brute d'Angleterre qui approvisionne les métiers à tisser de Flandre, bois, ambre, fourrures des pays scandinaves et russes désormais chrétiens et ouverts au commerce occidental. Esclaves encore, Slaves non baptisés (*sclavus,* slave, qui a donné le mot français « esclave ») revendus dans toute l'Europe. Ces marchands nordiques ne sont pas, comme les Italiens, soutenus et encadrés par leur ville d'origine jusque dans des quartiers protégés. Très tôt cependant, ils s'unissent pour former une association, une *hanse* bientôt toute-puissante dans la réglementation des échanges et du commerce, de Lübeck à Stockholm, de Londres à Novgorod, capitale de l'ancienne Russie. Des dizaines de villes adhèrent à cette *ligue hanséatique,* « internationale » du commerce, assurant protection et franchises à tous les ressortissants des villes membres.

Entre ces deux espaces commerciaux et maritimes au nord et au sud de l'Europe s'établissent évidemment des liens et des échanges. Des rendez-vous annuels à date fixe à de grandes foires permettent aux Flamands et aux Italiens d'échanger leurs produits. Installés dans quelques modestes villes du comté de Champagne, notamment à Provins et à Troyes, ces *foires de Champagne* deviennent pendant plus d'un siècle le plus important rassemblement commercial de l'Europe. En plus d'échanger laines et draps, marchands du Nord et du Sud y écoulent, qui ses fourrures vers la Méditerranée, qui son poivre vers l'Angleterre ou le Danemark. Bref, grâce à de tels rassemblements, l'Europe trouve un commencement d'unification économique et une consolidation du rôle dominant des marchands italiens. Car non contents d'avoir des comptoirs permanents au Proche-Orient et de fréquenter assidûment les foires de Champagne, ceux-ci s'établissent de plus en plus volontiers à demeure un peu partout en Europe. On les trouve à partir du XIIIe siècle fixés à Londres, à Bruges, à Paris, mais aussi à Marseille, à Barcelone ou à Montpellier, quand ce n'est pas dans des villes beaucoup plus petites.

La gestion du capital

C'est que les Italiens ont su consolider leurs avantages en instituant des sociétés et des pratiques financières remarquablement efficaces et modernes. Et d'abord des sociétés commerciales qui sont surtout des entreprises familiales. À l'origine, fondées pour organiser des voyages d'« aventure » où les risques importants étaient rémunérés par des profits substantiels, ces sociétés prospèrent et s'établissent autour d'un siège permanent. Pendant que le père ou l'aïeul gère les affaires à partir de sa ville natale, enfants, gendres et neveux parcourent les foires ou prennent résidence dans diverses places commerciales pour représenter les intérêts de la famille. Chacun se voit attribuer une part du capital de la société sous forme d'*actions* et reçoit une part des profits proportionnelle à son capital. Structurées généralement autour de l'activité drapière (fabrication, finition et exportation), ces entreprises mettent à profit la diversité de leurs succursales pour multiplier les activités commerciales de toute nature et sur tous les produits. Et comme les profits sont importants, nombreux sont les citadins moins fortunés qui souhaitent faire prospérer leurs modestes épargnes en en confiant la garde et la gestion aux marchands, moyennant le versement d'un intérêt. L'Église chrétienne avait toujours condamné cette pratique, sous le nom d'*usure,* mais l'existence d'un risque dans le placement justifiait que les sociétés versent un intérêt compensatoire.

Gestionnaires des épargnes citadines, les sociétés commerciales fondent ainsi les premières *banques* (dont le nom vient du *banc* sur lequel se faisaient traditionnellement les transactions monétaires) modernes. Le capital dont elles disposent s'en trouve soudainement accru dans des proportions gigantesques, ce qui permet aux plus audacieux spéculateurs non seulement de multiplier les convois vers l'Orient ou vers les foires de Champagne, mais aussi de prêter des sommes importantes aux rois, aux princes et à l'Église, en mal de revenus nouveaux. Nous verrons plus loin à quel point cet édifice bancaire, au début, fut fragile. À partir du XIIIe siècle, il assure la suprématie commerciale et financière italienne partout en Occident.

Des échanges d'une telle ampleur ne pouvaient cependant se faire par les moyens techniques rudimentaires des générations précédentes. La multiplication du nombre des clients et le mouvement continu des dépôts, des retraits et du calcul des profits obligèrent très vite les plus grosses entreprises à mettre au point des instruments comptables plus adéquats. À l'ancienne méthode qui consistait à enregistrer, en un seul livre, les revenus d'un côté, les dépenses de l'autre, il fallut substituer une méthode bien plus complexe dite de la *comptabilité en partie double.* Fondée sur la multiplication des écritures en plusieurs comptes pour chaque opération financière, cette technique permettait désormais de tenir simultanément un grand livre, des comptes clients et des comptes de profits et pertes. Dès la fin du XIIIe siècle, ces calculs abstraits sont si parfaitement adaptés aux besoins de l'entreprise qu'ils se répandent partout en Occident. Ils seront remarquablement synthétisés par le mathématicien Luca Pacioli à la fin du XVe siècle et demeurent virtuellement inchangés dans la comptabilité des entreprises d'aujourd'hui.

Pour l'efficacité et la sécurité des paiements toujours plus nombreux que l'on effectuait d'une place financière à l'autre, ces mêmes marchands-banquiers prirent l'habitude d'envoyer de simples lettres à leurs correspondants, dans ces réseaux de succursales tenues par la famille ou les employés de la compagnie. Les correspondants pouvaient verser l'argent en espèces au porteur de la lettre et en débiter le montant au compte approprié de leur livre de comptes. Ces *lettres de change,* qui sont des ordres de paiement, sont les ancêtres des chèques actuels mais aussi la première monnaie fiduciaire du monde occidental, c'est-à-dire une monnaie fondée non plus sur la valeur intrinsèque d'un métal comme l'or ou l'argent mais plutôt sur la confiance (*fiducia*) qu'un groupe d'individus (en l'occurrence les marchands-banquiers et leurs clients) accordent à de simples jeux d'écritures.

L'esprit marchand

Sociétés par actions, comptabilité en partie double, lettre de change. On peut ajouter l'*assurance,* le *crédit public* et les *obligations* à la longue liste des innovations financières des banquiers médiévaux italiens, de même que leurs corollaires presque obligés : fraudes, spéculations et faillites. Tout ceci nourrit une curiosité intellectuelle dans des villes comme Gênes, Florence, Venise ou Sienne et, dès avant la fin du Moyen Âge, partout en Europe. L'apport le plus original de ces marchands à la civilisation moderne tient peut-être à cette recherche perpétuelle de la nouveauté. Occasions d'affaires, destinations exotiques : tout est désormais prétexte à s'enrichir. Les correspondants des grandes sociétés comprennent très vite l'importance de la diffusion d'une information rapide et précise. Les courriers privés qu'ils envoient sur les routes de l'Occident, bien avant l'apparition de la poste publique, sont si fiables que même les rois et le pape ont régulièrement recours à leurs services pour l'envoi de leurs lettres administratives. Les correspondants adressent au siège central de l'entreprise des listes de prix sur les marchés locaux, des renseignements et des rumeurs sur la vie politique aussi bien que sur le mouvement des armées ou sur le climat, les épidémies ou l'état des routes, autant d'éléments qui peuvent affecter le cours des affaires. Mieux encore, certains écrivent de véritables manuels à l'usage de leurs employés, décrivant pour tel ou tel pays les coutumes locales, les mesures et les monnaies, les ports, les foires et les marchés, et ainsi de suite. Le *Livre des Merveilles du Monde,* dicté par Marco Polo (v. 1254-1324) au retour de son voyage en Chine, appartient à ce genre de littérature.

Cette intense activité intellectuelle qui accompagne le négoce impose aux enfants des familles marchandes de recevoir une instruction adéquate. Les villes recherchent activement des maîtres d'école, insistent sur l'enseignement du calcul et des mathématiques, en sus de la lecture et de l'écriture. Sans être de fins lettrés, les marchands sont très à l'aise avec l'écriture ; souvent, à côté ou en marge de leurs livres de comptes, ils prennent la plume pour coucher sur le papier, en de véritables chroniques personnelles, leurs souvenirs familiaux ou l'histoire de leur ville, quand ce n'est pas tout simplement des recettes de cuisine ou des formules d'astrologie ! C'est parmi eux ainsi que parmi les notaires des chancelleries que se recruteront, nous le verrons, les premiers humanistes.

Enfin, l'expansion des routes commerciales s'accompagne d'un essor remarquable de la navigation maritime. L'essentiel des transports se fait encore par la mer ou par les fleuves. Les routes terrestres, souvent peu praticables, onéreuses en raison de la multiplication souvent abusive des *péages* seigneuriaux, se prêtent assez mal au transport de marchandises volumineuses. On leur préfère longtemps une navigation de cabotage, de port en port, lente mais moins chère et plus sûre. L'audace des entrepreneurs provoque en ce domaine aussi des progrès remarquables. Les grandes *nefs,* d'un tonnage impressionnant, diminuent le coût des transports en même temps qu'elles apparaissent moins fragiles pour une navigation en haute mer. Grâce à l'introduction de la boussole (d'origine chinoise, apparue en Occident au XIIIe siècle) et à la diffusion d'excellentes cartes de navigation maritime (les *portulans*), les navires hésitent moins à s'éloigner des côtes, prennent le risque de la haute mer et fréquemment s'aventurent hors de la Méditerranée jusque dans l'Atlantique. Bien avant les grands voyages espagnols et portugais du XVe siècle, les Italiens naviguent directement de Gênes ou de Venise jusqu'aux ports flamands, anglais ou hanséatiques de la mer du Nord, court-circuitant ainsi la voie des foires de Champagne, lesquelles commencent à péricliter au début du XIVe siècle.

Le développement du commerce qui accompagne la prospérité des villes et des campagnes à partir du XIe siècle marque donc une ouverture décisive de l'Occident. Jusque-là repliée sur elle-même, la chrétienté européenne est maintenant en pleine expansion. La civilisation s'en trouvera profondément affectée : la religion devra s'adapter aux réalités du commerce et de la croisade ; la culture, l'art et la littérature s'ouvriront à des horizons nouveaux, toujours plus vastes. Cet épanouissement se fera dans un cadre juridique et politique profondément remanié. L'État, au sens maintenant moderne du mot, apparaît au cours de cette période, un État qui protège cette prospérité en assurant la paix et la justice, mais qui se nourrit d'elle en prélevant sous forme d'impôts les ressources déjà considérables que requièrent à la fois l'appareil bureaucratique et le train de vie des princes.

Le droit et l'État moderne

Nous avons dit que, même au plus fort de la tourmente féodale, l'État et l'ordre public ne disparaissaient jamais et que se fondaient de nouveaux royaumes aux frontières slaves et scandinaves de la chrétienté. À partir du XIIe siècle, cet État se développe partout, consolide ses assises, étend son pouvoir sur les grands seigneurs ou les évêques récalcitrants. Il le fait avec un arsenal de moyens juridiques nouveaux, puisés aux sources de l'ancien droit romain que l'on commence à redécouvrir. Autour des souverains se multiplient les conseillers, les officiers puis les bureaucrates qui jettent les bases d'une administration centralisée et efficace. Toutefois, en face de ces nouveaux pouvoirs s'affirment également des résistances, parfois des révoltes, au terme desquelles s'organisent un peu partout des assemblées de type parlementaire dont le dessein principal est de circonscrire et de limiter l'arbitraire des détenteurs du pouvoir étatique.

La renaissance du droit

Le droit romain, droit écrit et droit savant, avait presque complètement disparu dans le grand naufrage de la civilisation romaine, après le VIe siècle. Certains éléments de ce droit, par exemple la codification de l'empereur Théodose II, avaient partiellement survécu notamment par la mise par écrit des lois barbares aux Ve et VIe siècles, influencées par le droit impérial. Mais le principal recueil de droit romain, compilé à Byzance sur l'ordre de l'empereur Justinien (527-565), à un moment où les contacts entre l'Orient et l'Occident se font de plus en plus rares, était à peu près inconnu en Occident pendant le haut Moyen Âge, du moins hors d'Italie. Or à partir du XIe et surtout du XIIe siècle, dans les écoles de Bologne bientôt transformées en université, on recommence à étudier et à commenter ce droit, à en copier les rares manuscrits qui survivaient. Cet enseignement fait tache d'huile et, en moins d'un siècle, juristes et notaires formés au « nouveau » droit essaiment dans toute l'Europe et tiennent le haut du pavé dans l'entourage des rois et des clercs, comme dans les gouvernements urbains.

Cette réapparition du droit romain est fondamentale dans la construction de la civilisation occidentale, pour plusieurs raisons. D'abord elle permet l'ascension d'une classe nouvelle. Souvent d'origine modeste, juristes et notaires ne doivent leur influence ni à leur richesse ni à leur lignage, mais à leur savoir et à leurs études. Cette valorisation d'un savoir entièrement fondé sur le texte écrit et profane, au XIIe siècle, n'est pas sans rappeler les objectifs que Charlemagne aurait aimé atteindre par la valorisation de l'écriture et de l'enseignement. Le droit nouveau concerne à la fois les relations entre particuliers (on parle alors de *droit privé*) et la gestion de l'État (c'est le *droit public*), surtout dans sa fonction judiciaire (*droit pénal*). Mais comme il réapparaît en pleine réforme grégorienne, au moment donc où l'Église affirme partout son autonomie, on y introduit dès cette époque une distinction durable : à côté d'un droit applicable aux laïcs (États et particuliers) que l'on nomme *droit civil* se développe un rameau distinct qui applique les mêmes grands principes de l'ancien droit romain à l'Église et à tous ses serviteurs, du pape au dernier des clercs : ce sera le *droit canonique,* avec son code, ses commentateurs, ses juges et ses peines propres.

Dans le droit privé, les lois romaines ne se diffusent pas partout de la même façon. Dans les vieux pays profondément romanisés, où les barbares du haut Moyen Âge s'étaient installés peu nombreux, les lois germaniques n'avaient jamais fait totalement disparaître l'idée selon laquelle le droit romain était naturellement applicable partout. La renaissance de ce droit au XIIe siècle conduit tout naturellement ce dernier à régir l'ensemble des rapports entre les particuliers (ventes, testaments et mariages) dans des pays comme l'Italie, la Provence ou les royaumes chrétiens d'Espagne. Mais plus au nord, en France, en Angleterre et dans l'Empire germanique, il en va autrement. Ici, lois et codes germaniques, ayant évolué considérablement depuis le temps des invasions, de par leur transmission surtout orale, ont donné naissance à une multitude de *coutumes* locales souvent très diverses. En France, à côté des grandes coutumes régionales (coutumes de Bretagne, de Normandie, *coutume de Paris* qui, en tant que droit royal, sera imposée plus tard à des colonies comme celle de la Nouvelle-France) subsistent un très grand nombre de codifications locales qui renforcent les particularismes et contribuent à ralentir l'unification du royaume. En Angleterre, grâce à l'intervention royale et à la centralisation des rois normands, la coutume est très tôt unifiée : sous le nom de *Common Law,* elle constitue au contraire un élément unificateur de la société insulaire et, à ce titre, elle a continuellement résisté aux pressions du droit romain.

Dans le domaine du droit privé, on peut donc désormais parler de *pays de droit écrit* (c'est-à-dire de droit romain) et de *pays de droit coutumier* (encore que ces coutumes soient toutes mises par écrit avant la fin du XIIIe siècle sous l'influence du droit romain). Mais dans le domaine du droit public et de la construction de l'État, l'évolution est à peu près la même partout. Rois de France et d'Angleterre, empereurs et papes puisent dans les textes romains un arsenal d'arguments qu'ils sauront habilement mettre au service de leur pouvoir. Ainsi l'adage romain selon lequel « ce qui plaît au prince a force de loi » leur permet de développer considérablement un pouvoir législatif jusque-là limité par la coutume. De même les notions romaines d'unité territoriale et d'*inaliénabilité* (impossibilité de vendre ou de donner des fractions du territoire de l'État) contribuent puissamment à l'émergence d'une pensée politique nouvelle. On développe maintenant l'idée d'un État comme une abstraction au service du *bien public* (la *res publica* des anciens Romains), un État qui, contrairement aux rois qui y exercent le pouvoir, ne meurt jamais et n'est pas la propriété de ces princes, même si leur autorité peut y être quasiment absolue. Cette idée prend sa forme classique avec l'image d'un *double corps* du roi : celui, mortel et sujet à l'erreur, de sa personne physique ; celui, immortel et en principe non sujet à l'erreur, car incarnant la volonté commune du pays, de sa personne que l'on appelle alors *corps mystique* ou tout simplement la *couronne*, car il s'agit d'une fiction juridique. Ainsi peut prendre naissance l'adage monarchique français du dernier siècle du Moyen Âge : « Le roi est mort ! Vive le roi ! » Cette phrase exprime la continuité de la personne mystique à travers la succession des corps physiques ; ainsi se greffe la conception abstraite et intemporelle de notre État moderne sur la vieille tradition des monarchies héréditaires.

Les pouvoirs de l'État

L'État moderne, c'est surtout des pouvoirs accrus et des institutions plus complexes pour faire face aux nouvelles responsabilités. Au traditionnel *conseil*, assemblée des grands réunis autour de la personne du roi, se greffent des organismes plus adaptés aux besoins du temps. D'abord pour rendre la justice. Les juristes ont tôt fait d'enseigner aux rois les idées romaines sur la souveraineté caractérisée par l'exercice d'une justice suprême : bientôt on pourra en appeler au roi de tous les tribunaux inférieurs, publics ou seigneuriaux. En France, c'est chose faite sous le règne de Saint Louis (Louis IX, 1226-1270). Il s'ensuit évidemment une multiplication et une spécialisation des tribunaux : différentes chambres dans le *parlement* (cour de justice) en France, cours des *communs plaids* ou cour du *banc du roi* en Angleterre, et un rôle encore plus important dévolu aux juristes dans l'entourage des princes. Ceux-ci, de par leur formation, réintroduisent les procédures du droit romain, pour le meilleur et pour le pire : la procédure *inquisitoriale* (enquêtes avec dépositions de témoins) remplace définitivement les anciennes procédures germaniques du duel judiciaire ou des épreuves par l'eau ou par le feu (*ordalies*) qui recouraient au « jugement de Dieu » ; mais cette procédure inquisitoriale réhabilite aussi une vieille technique romaine, celle de la torture. Si un pays de *Common Law* comme l'Angleterre y a en principe échappé, les royaumes continentaux et surtout les tribunaux d'Église ont vite compris l'intérêt de ce recours pour faire parler les témoins récalcitrants, surtout dans les procès d'hérésie qui se multiplient à partir du XIIIe siècle.

Le renouveau du pouvoir législatif des souverains dans ce même contexte oblige ces derniers à consigner soigneusement et à conserver dans leurs archives copie des nombreux actes et lettres qui émanent de leurs officiers. Ainsi naîtront les bureaux de *chancellerie,* d'abord tenus par des clercs proches de la chapelle royale puis progressivement détachés de leur origine cléricale pour se constituer en organismes laïcs au service de l'État. Enfin, la construction d'un État territorial qui ne se limite pas au simple domaine royal commande la mise en place d'un réseau d'officiers locaux chargés de rendre la justice en première instance, de lever au besoin l'armée royale, de percevoir les impôts. *Prévôts* dans les grandes villes, *baillis* et *sénéchaux* à l'échelon régional sont les relais de l'autorité royale et l'indispensable point d'ancrage de l'État auprès de la population du royaume. De même en Angleterre, les *sheriffs* dans les différents comtés sont investis de pouvoirs judiciaires et financiers importants, qui fréquemment ouvrent la porte aux abus et aux extorsions. Ainsi se comprennent les bravades d'un Robin des Bois, personnage mi-historique mi-légendaire, contre le tristement célèbre sheriff de Nottingham au cours du XIVe siècle.

Mais la véritable clef de voûte de cet État en voie de formation est la fiscalité et le pouvoir d'imposer les sujets. Traditionnellement, dans le monde féodal, le roi, pas plus que les seigneurs, n'avait le droit de percevoir des impôts. Il pouvait certes exiger sous forme d'aides des contributions occasionnelles de ses vassaux. Mais ces aides étaient strictement codifiées par la coutume et toute autre exaction faisait figure de mauvais usages. Avec les nouveaux besoins de l'État en construction, pour le financement des croisades et des guerres longues et coûteuses qui opposent les princes territoriaux à partir du XIIe siècle, on fait encore une fois appel aux juristes pour élargir la capacité fiscale des pouvoirs publics. Le droit romain en effet prévoyait qu'en cas de *nécessité,* toute règle de droit pouvait être transgressée. Ainsi prit-on la fâcheuse habitude d'invoquer cette nécessité pour exiger, d'abord de façon exceptionnelle puis avec une étonnante régularité, d'autres contributions des sujets. Les premiers exemples connus remontent aux dernières années du XIIe siècle, lorsqu'il fallut lever un important corps expéditionnaire pour la troisième croisade (1189). Un siècle plus tard, dans toute l'Europe, aides, subsides et dons étaient devenus la ressource principale des souverains et de nombreux grands seigneurs. Le pape lui-même, avec la même logique, put construire un État fort et centralisé en levant des *décimes* sur le clergé de toute la chrétienté, arguant de la même nécessité que constituait le financement des croisades, la lutte contre l'hérésie ou simplement le maintien de son train de vie.

Ces nouveaux prélèvements fiscaux n'étaient évidemment pas reçus de gaieté de cœur par une population habituée à la stabilité de la coutume immémoriale. Si les paysans étaient peu préparés à opposer une résistance organisée aux nouveaux impôts, il en va autrement des seigneurs, petits et grands, des bourgeois et des marchands citadins. Ceux-là surent eux aussi tourner le droit romain à leur avantage et exhumèrent du Code justinien la maxime selon laquelle « Ce qui concerne tout le monde doit être approuvé par tout le monde », obligeant ainsi les souverains à les consulter avant de lever des impôts. Cette grogne de l'aristocratie puis des bourgeois oblige vite le pouvoir royal à faire d'importantes concessions, surtout à limiter son caractère arbitraire et les excès de ses agents. Dès 1215 en Angleterre, les barons obtiennent du roi Jean sans Terre d'importantes garanties qui, sous le nom de *Grande Charte,* posent les premiers jalons des droits et libertés modernes, notamment du privilège de présomption d'innocence, le fameux *habeas corpus* (qui sera formellement reconnu et désigné sous ce terme au XVIIe siècle). À partir du milieu du XIIIe siècle, dans cette même Angleterre, le roi réunit de façon régulière sous le nom de *parlement* le grand conseil de ses barons, laïcs et ecclésiastiques. Ces grands seigneurs (*Lords*) obtiennent bientôt de partager avec le roi certaines prérogatives de la souveraineté, en particulier l'adoption des lois (*statuts*) ainsi que le vote et la répartition de l'impôt. Mais pour assurer une meilleure représentation de l'ensemble de la population, à partir du début du siècle suivant, on convoque aussi les mandataires du commun peuple du royaume, petits seigneurs ruraux et bourgeois des villes. Siégeant au parlement dans une pièce à part, ces *Communes,* lorsqu'elles feront bloc avec les *Lords,* auront une influence telle que le roi ne pourra guère se passer de leur autorité. Le destin de la monarchie britannique se trouve ainsi, dès la fin du XIVe siècle, scellé à celui de son parlement qui réussit même, en 1399, à forcer l'abdication du roi (Richard II).

Ailleurs en Europe, des régimes de type parlementaire se mettent aussi en place, vers la même époque, avec un succès mitigé cependant. Si en Écosse, en Espagne ou dans certaines parties de l'Italie ces assemblées obtiennent souvent d'importants pouvoirs, il n'en va pas de même en France. Convoquées à partir du début du XIVe siècle, prenant bientôt le nom d'*états généraux,* de grandes assemblées des trois « états » ou ordres amènent nobles, clergé et commun peuple (le « tiers état ») à revendiquer des pouvoirs accrus et un contrôle sur l'impôt et sur les agissements des officiers royaux. Ces états généraux cependant ébranlent les fondements mêmes du pouvoir royal, d'abord en 1355-1358 puis de nouveau en 1413. La royauté évite le plus souvent possible de les convoquer et maintient un pouvoir autocratique qui ouvre bientôt la voie à l'*absolutisme* de la période moderne.

Sous bien des aspects, la géographie politique de l'Europe moderne prend forme entre le XIe et le XIVe siècle. Les deux grandes monarchies, la France et l'Angleterre, consolident leurs assises territoriales. En Angleterre, après la conquête de 1066, des rois français, d'abord normands puis angevins, peuvent s'appuyer sur une administration centralisée et efficace. Les résistances des barons limitent l'arbitraire royal, mais elles ne remettent pas en cause l'unité territoriale. Seule l'Écosse au nord, gouvernée par une dynastie royale d'origine locale, maintient encore fermement son indépendance. En France, le XIIe et surtout le XIIIe siècle sont ceux de la plus grande expansion territoriale. Philippe-Auguste (1180-1223) récupère les fiefs de l'ouest du pays qui risquaient de passer sous domination anglaise. Louis VIII (1223-1226) puis Saint Louis (1226-1270) savent profiter de la lutte contre l'hérésie albigeoise dans les fiefs méridionaux pour annexer à la couronne les immenses territoires du Languedoc.

Dans la péninsule ibérique, les petits royaumes du Nord conduisent avec succès leur croisade de reconquête sur l'Islam. Dès la fin du XIe siècle, malgré d'épiques combats tels que ceux de Rodrigo Díaz, surnommé *el Cid,* cet aventurier chrétien passé au service des musulmans, la poussée vers le sud est irréversible. Au fil de cette reconquête, trois royaumes s'imposent qui occuperont bientôt la quasi-totalité de la péninsule : le Portugal, la Castille et l'Aragon. Sous le règne des souverains du XIIIe siècle, notamment Alphonse X de Castille (1252-1284), une coexistence relativement paisible s'instaure entre chrétiens, juifs et musulmans, qui entretient un climat propice aux échanges entre ces trois cultures. Plus tard seulement, à l'extrême fin du Moyen Âge, les tout-puissants tribunaux de l'Inquisition chasseront les infidèles, forceront les conversions et établiront pour longtemps un climat d'intolérance et de suspicion.

Les terres impériales germaniques, aussi bien en Allemagne que dans le Nord de l'Italie, ne sont pas structurées en un État fort, au contraire des autres monarchies chrétiennes. Elles n'ont pourtant pas manqué d'empereurs forts, en la personne de Frédéric Ier Barberousse (1155-1190) ou de Frédéric II (1220-1250). Mais l'extrême fractionnement du pouvoir entre ducs et comtes, évêques tout-puissants et communes urbaines, de même que la diversité nationale empêchent ces empereurs non héréditaires (ils sont en principe élus par les grands princes laïcs et ecclésiastiques) d'établir un État fort. L'Allemagne et l'Italie sont donc une mosaïque de petites principautés territoriales quasiment indépendantes, une caractéristique qui se maintient jusqu'au XIXe siècle. Ce fractionnement a du moins l'avantage de permettre aux villes de s'épanouir librement, de se constituer en de véritables États souverains aussi bien en Allemagne (Hambourg, Lübeck, Brême) qu'en Italie (Milan, Vérone, Florence et tant d'autres) ou en Suisse, cette confédération de villages qui gagne son indépendance à partir de 1291, dans une révolte illustrée par le courage de l'emblématique et légendaire Guillaume Tell. Cette autonomie urbaine est évidemment un cadre propice à l'épanouissement des fortunes marchandes que nous avons déjà évoquées.

Reste l'État pontifical. Sous le nom de *patrimoine de saint Pierre,* les papes gouvernent, depuis le haut Moyen Âge, les provinces centrales de l'Italie, au nord et au sud de Rome. Ils exercent en outre des droits réels sur l'attribution de certaines couronnes, par exemple celles des royaumes de Naples ou de Jérusalem. Surtout, ils prétendent détenir une autorité souveraine sur tous les royaumes issus de l'ancien Empire romain d'Occident, c'est-à-dire sur toute la chrétienté latine! Ces prétentions à un gouvernement universel d'origine divine (*théocratie*) sont évidemment battues en brèche par les différents États, mais elles entretiennent chez les papes de la fin du Moyen Âge une intense activité diplomatique et suscitent souvent des conflits fâcheux, comme celui qui oppose plusieurs années durant le pape Boniface VIII (1294-1303) au roi de France Philippe IV le Bel (1285-1314).

Une papauté forte au point d'être souvent arrogante, des royaumes bien structurés où la paix intérieure est à peu près assurée, des bourgeoisies marchandes prospères, parfois même très riches. C'est le cadre dans lequel s'épanouit la civilisation des derniers siècles du Moyen Âge. C'est le cadre aussi dans lequel surviendront les grandes crises qui en assombrissent la fin.

Chapitre IV

Les nouveaux défis de l'Europe

Il n'est pas rare que l'on parle du XIIIe siècle comme d'un siècle « classique » de la civilisation médiévale. C'est qu'il est en vif contraste avec les XIVe et XVe siècles où apparaissent successivement famines, épidémies, guerres et schisme de l'Église. Pourtant il n'y a pas de rupture fondamentale, et plusieurs des crises de la fin du Moyen Âge surgissent des contradictions mêmes de cette société et des valeurs qu'elle a édifiées. Contradictions dans l'Église, d'abord, dont le projet de croisade échoue et au sein de laquelle la quête de la pauvreté évangélique fait mauvais ménage avec l'attrait du pouvoir et des richesses ; contradictions au sein de la société laïque, où la croissance n'a pas fait que des heureux et où la construction des États est à l'origine des premiers conflits nationaux ; contradictions dans le monde savant, enfin, qui triomphe dans les écoles et surtout dans les universités au XIIIe siècle, mais qui multiplie aussi les interrogations sur la nature et sur l'homme.

Des tensions dans l'Église

Les grands projets du XIe siècle, croisade et réforme grégorienne, survivent péniblement à la réalité des siècles suivants. L'expédition lancée par Urbain II se voulait un rassemblement de toute la société chrétienne vers un but unique, la quête du salut dans un pèlerinage collectif vers les lieux saints. Dans la réalité, il en fut bien autrement. Les idéaux évangéliques de pauvreté et d'humilité dans l'Église s'avèrent, quant à eux, bien difficiles à mettre en pratique. Jusqu'où cette pauvreté peut-elle aller dans une Église toujours soumise aux tentations de la richesse et du pouvoir ? Du XIIe au XVe siècle, les débats à l'intérieur de la société chrétienne sont nombreux, fondamentaux et souvent violents.

L'échec de la croisade

Les croisés ont réussi à s'emparer de Jérusalem et à y asseoir leur domination pendant un certain temps. Mais c'est la division des petits émirs turcs du Proche-Orient qui avait permis cette implantation dans la première moitié du XIIe siècle. Progressivement la résistance musulmane s'organise et provoque, dès 1144, la chute d'Édesse, l'un des quatre États chrétiens fondés par les croisés. Pour tenter de reprendre Édesse, les papes orchestrent une vaste campagne de prédication et de propagande dans tout l'Occident. Saint Bernard, en France, prononce des sermons qui rallient les foules. Il définit une idéologie de la croisade, guerre juste menée au service de l'Église dans sa lutte contre l'*infidèle* et assortie d'une récompense spirituelle suprême, la promesse du Paradis après la mort. L'armée ainsi recrutée entreprend une deuxième croisade (1147-1148) dont les succès sont à peu près nuls.

La défense des lieux saints soulève sur place des difficultés bien particulières. Pour construire leurs châteaux, les croisés s'inspirent en partie de l'architecture des forteresses locales érigées par les musulmans. Ces techniques, que plus tard ils ramèneront en Europe, contribuent pour beaucoup à modeler la silhouette du château fort, dont la masse caractéristique domine les campagnes françaises ou anglaises à partir du XIIe siècle. Pour défendre les routes, les pèlerins et les hospices de la Terre Sainte, des milices bien particulières apparaissent également à cette époque. Chevaliers dévoués au service de l'Église, organisés en véritables congrégations monastiques, car ils prononcent des vœux analogues à ceux des moines, ils sont bientôt reconnus par la papauté comme des ordres militaires. Les uns se regroupent à Jérusalem autour de l'ancien temple de Salomon, on les appellera les *templiers* ; les autres assurent la protection de l'hôpital Saint-Jean de la même ville, ce sont les *hospitaliers* ; les derniers se consacrent tout particulièrement à la protection des pèlerins allemands, ce sont les chevaliers *teutoniques*. Enrichis par de très nombreuses donations pieuses, ces ordres militaires, tout comme les congrégations monastiques, fondent des réseaux denses de maisons dans toute l'Europe, ce qui leur permettent de drainer des fonds considérables vers la défense des places fortes de la Terre Sainte, dont ils sont les principaux responsables.

Mais ni les ordres militaires, ni les renforts de la deuxième croisade n'ont pu arrêter la progression de la résistance musulmane, toujours mieux organisée. À partir de l'Égypte, un homme d'État qui est aussi un remarquable chef militaire, Saladin (1171-1193), multiplie les assauts contre les États chrétiens et parvient à reprendre la ville de Jérusalem (1187) moins d'un siècle après l'établissement des croisés. Une nouvelle campagne sur l'opinion publique en Europe et d'importantes levées de fonds permettent à une troisième croisade (1190-1191) de se mettre en route, commandée par l'empereur lui-même (Frédéric Ier, qui y trouvera la mort) et les rois de France (Philippe Auguste) et d'Angleterre (Richard Cœur de Lion). Mais la situation des États latins d'Orient est définitivement compromise. Les marchands italiens ont beau multiplier les convois de ravitaillement en fournitures et en armes, les papes ont beau se répandre en menaces et promouvoir de nouvelles croisades, le recul des chrétiens est inexorable. Ni l'empereur Frédéric II, ni le roi de France Saint Louis au XIIIe siècle ne réussissent dans une entreprise que plusieurs chrétiens, en Occident, commencent à juger coûteuse, futile et bien peu chrétienne dans son déploiement politique et militaire. Après la mort de Saint Louis à Tunis en 1270, dans une ultime tentative de se rendre en Orient (huitième croisade), les Européens assistent impuissants à la chute de leur dernière citadelle de la Terre Sainte, Saint-Jean-d'Acre, en 1291.

Dans le naufrage de l'entreprise de croisade, les ordres militaires connaissent des destins divers. Les hospitaliers, réfugiés d'abord à Rhodes puis dans l'île de Malte dont ils sont les seigneurs, se convertissent progressivement à des fonctions de bienfaisance. Ils survivent encore aujourd'hui sous le nom d'ordre de Malte. Les teutoniques sont bien vite envoyés par la papauté vers une nouvelle frontière d'évangélisation sur les rivages de la Baltique, aux confins du monde russe. La dureté de leurs méthodes leur vaut bientôt de se faire haïr des princes slaves qui mettent tout en œuvre pour freiner leur avancée. Quant aux trop célèbres templiers, enrichis par leurs opérations financières, désœuvrés, leur ordre est supprimé en 1312 à la suite des machinations suscitées par l'envie et l'avidité du roi de France, Philippe le Bel.

L'obsession de la pauvreté

Contrée dans ses visées expansionnistes, la chrétienté est encore plus fortement ébranlée de l'intérieur. Les premiers mouvements hérétiques, contemporains de la réforme grégorienne au XIe siècle, avaient été assez aisément neutralisés. Il n'en va pas de même un siècle plus tard, lorsque se répandent deux hérésies extrêmement populaires, bien que fort différentes, celle des *cathares* et celle des *vaudois*.

Les cathares (parfois aussi appelés *albigeois*), bien qu'ils se considèrent comme des chrétiens, professent des croyances dont on peut retracer l'origine dès les premiers temps chrétiens : pour eux coexistent deux dieux, l'un commande le Bien et l'autre le Mal. Le dieu du Bien est destiné à triompher, mais c'est le dieu du Mal qui domine la vie terrestre et la matière. Le croyant se doit d'échapper à son influence, à travers plusieurs réincarnations s'il le faut (*métempsycose*). Parvenu à ce stade ultime, il est qualifié de *parfait* et sa conduite exemplaire, comme ses enseignements, sert de modèle dans la communauté. Non seulement la théologie des cathares est incompatible avec le dogme chrétien, mais elle rend inutiles l'Église, le clergé et les sacrements. Très vite les évêques et la papauté ont dû réagir à cette subversion de leur autorité qui faisait tache d'huile dans de vastes régions (tout particulièrement dans le Sud-Ouest de la France actuelle et dans le Nord de l'Italie). Une vaste entreprise militaire, menée par le roi de France à l'instigation de la papauté, fut déclenchée sous le nom de *croisade albigeoise* (après tout, si on pouvait mener une guerre sainte contre les musulmans, ne pouvait-on à plus forte raison la mener contre des infidèles hérétiques à l'intérieur même de la chrétienté ?). Mais pour extirper définitivement l'hérésie, il fallait des mesures encore plus draconiennes. D'abord, convaincre les cathares par l'exemple et par la prédication : c'est la mission que se donna saint Dominique (v. 1170-1221), fondateur de l'ordre des *dominicains*. Puis, pourchasser les hérétiques dans leurs derniers retranchements par un tribunal d'exception pouvant recourir à la torture en cas de besoin : l'*Inquisition,* fondée d'abord pour lutter contre les cathares, confiée surtout aux dominicains, devient l'arme la plus redoutable de l'Église qui en usera et en abusera pendant les derniers siècles du Moyen Âge et bien après. Ainsi encerclé, le catharisme disparaît lentement malgré des actes héroïques de résistance comme celui des habitants de Montségur, livrés aux flammes du bûcher en 1244.

L'hérésie vaudoise, quant à elle, tire son origine de l'influence d'un riche marchand de Lyon, Pierre Vaudès, qui entre 1170 et 1175 abandonne toutes ses richesses pour mener une vie de pauvreté sur le modèle évangélique de Jésus-Christ. Le geste en lui-même n'a rien d'hérétique, bien au contraire. Toutefois, malgré des interdictions souvent répétées, Vaudès prêchait auprès des foules et transmettait le message de l'Écriture sainte en langue *vulgaire,* c'est-à-dire dans la langue du peuple. Cette atteinte à l'un des principaux privilèges des clercs (Vaudès était laïc) lui valut d'être condamné comme hérétique. Mais ses disciples n'en cessèrent pas moins de se réunir secrètement, pour prêcher et lire l'Évangile.

On les trouve jusqu'à la fin du Moyen Âge, surtout dans les régions isolées des Alpes françaises et italiennes.

Cette aspiration de Vaudès à la pauvreté évangélique, c'est-à-dire à la pauvreté volontaire, est au cœur même des inquiétudes religieuses de son époque. Son succès correspond à une attente profonde des chrétiens, de même que le succès du catharisme qui lui aussi prône le renoncement aux biens matériels. À la même époque, un autre riche fils de marchand, italien celui-là, François d'Assise (v. 1182-1226), renonce lui aussi à sa fortune pour mener une vie de pauvreté et de prédication. Mais contrairement aux cathares et aux vaudois, François d'Assise, après avoir beaucoup hésité, se soumet à l'autorité pontificale et accepte de fonder un ordre religieux, celui des *franciscains*. Vivement encouragé par l'Église, car il correspond à un besoin profond, le mouvement franciscain connaît en très peu de temps un essor fulgurant. Comme l'ordre dominicain, lui aussi fondé sur la pauvreté volontaire, il essaime en des centaines de couvents dans toute l'Europe et même au-delà, de l'Islande à la Terre Sainte.

Cette exigence de pauvreté soulève les interrogations les plus profondes et les débats les plus orageux tout au long du XIIIe siècle et au commencement du siècle suivant. C'est que l'enjeu est de taille. Derrière la question toute théorique de savoir si Jésus-Christ possédait sa propre tunique se profile la question autrement plus subversive de la légitimité des richesses de l'Église. Car l'Église de Rome, il faut s'en souvenir, tient son autorité de saint Pierre auquel, comme à tous les apôtres, le Christ avait commandé de tout laisser pour le suivre. Mais au XIIIe siècle, le pape, les évêques et les monastères gèrent des fortunes colossales, et leur train de vie fait souvent scandale auprès des laïcs, surtout des plus pauvres, laissés pour compte du progrès économique rural et urbain. Ainsi s'explique le succès immédiat des nouveaux ordres. Franciscains et dominicains renoncent aux richesses et ne veulent vivre que d'aumônes (on les appelle les ordres *mendiants*), établissent leurs couvents au sein des quartiers populeux des villes nouvellement développées. Victimes de leur succès cependant, ils reçoivent des donations en quantités telles, qu'à leur tour, ils sont aux prises avec le problème de la richesse. Certaines des églises les plus somptueuses de l'époque, à Assise ou à Florence par exemple, décorées par les artistes les plus célèbres (notamment le précurseur de la Renaissance, le peintre Giotto), sont des églises des ordres mendiants. Devant cet apparent dérapage par rapport au projet originel, plusieurs frères, surtout chez les franciscains, prônent un retour à la véritable pauvreté apostolique de leur fondateur. Des querelles internes dans l'ordre amènent les plus rigoureux adeptes de la pauvreté (les *spirituels*) à quitter les rangs et à tomber eux aussi au début du XIVe siècle dans l'hérésie, après avoir subi les foudres du pape Jean XXII.

Le Grand Schisme d'Occident

Cathares, vaudois, franciscains spirituels et tant d'autres dissidents encore peuplent l'Église de la fin du Moyen Âge. C'est qu'entre l'Église institutionnelle et les fidèles, le fossé est profond. La volonté de réforme est présente, mais le pouvoir et la richesse des clercs opposent une résistance énorme à tout changement. À la tête même de la hiérarchie, les papes ne mènent certes pas une vie exemplaire. Ayant quitté Rome provisoirement pour s'établir dans le Sud de la France à Avignon (1309), ils y resteront plus de soixante ans, construisant un somptueux palais, favorisant les évêques et les cardinaux de leur entourage familial, écrasant les clercs de toute la chrétienté sous le poids d'une fiscalité très lourde. Mêlés à toutes les affaires politiques et diplomatiques de leur époque, ils se soucient bien peu de la réforme de l'Église. Et lorsqu'une querelle surgit entre les cardinaux à l'occasion du retour contesté à Rome de Grégoire XI (1376), une faction revient s'installer à Avignon et y élit son propre pape, ouvrant une longue période de division dans l'Église : c'est le *Grand Schisme d'Occident* (1378-1417).

Pendant ce Schisme, le pape d'Avignon et celui de Rome multiplient les promesses et les récompenses adressées à leurs fidèles, à peu près également répartis dans toute l'Europe. Ces engagements, sources de ponctions fiscales toujours accrues, de même que l'image d'une lamentable division de la chrétienté, conduisent progressivement les esprits à croire que si la *tête* de l'Église ne peut se réformer, il faut s'occuper de ses *membres,* c'est-à-dire de l'ensemble du peuple chrétien. Et puisque les papes ne sont plus dignes de confiance, il convient de réunir l'assemblée des fidèles pour procéder à la réforme. C'est ainsi que le recours au concile, conçu comme une sorte de parlement général du peuple chrétien, s'impose plusieurs fois au cours du XVe siècle. À Constance (1414-1418) puis à Bâle et à Florence (1431-1449), prélats et laïcs délibèrent sur tous les grands problèmes de l'heure. Ils réussissent après maintes péripéties à restaurer un pape unique à Rome.

Mais les problèmes plus profonds du clergé, de l'encadrement pastoral et des richesses de l'Église demeurent entiers. Les idées réformatrices du théologien anglais John Wyclif (v. 1330-1384), qui voulait réduire sensiblement les biens ecclésiastiques, sont condamnées en 1415 de même que sont condamnées celles du réformateur tchèque Jan Hus, mort sur le bûcher en 1416. Une papauté de plus en plus rigide conclut des arrangements particuliers avec les différents États pour gouverner le peuple chrétien (ainsi la *Pragmatique Sanction* de Bourges en 1438 régit les rapports de l'Église de France avec Rome) et jette les bases d'un pouvoir absolu, où le dogme de l'*infaillibilité* pontificale permet commodément d'éviter le recours aux conciles. C'est à cet édifice sclérosé que s'attaquera, avec le succès que l'on sait, le réformateur Martin Luther au commencement du siècle suivant.

Les limites de la croissance

Si tant de problèmes agitent l'Église et le peuple chrétien aux derniers siècles du Moyen Âge, c'est aussi que la croissance démographique et économique soutenue de l'époque précédente s'essouffle puis plafonne, cédant le pas à deux siècles lourdement marqués par la récession, les famines, les épidémies et les guerres. Faut-il voir là une crise généralisée de tout le système féodal ou une malencontreuse convergence de problèmes d'origine diverse ? La réponse n'est pas aisée. Plusieurs cataclysmes sont bel et bien reliés entre eux (famines et épidémies par exemple), mais il n'est pas assuré qu'une seule explication globale puisse rendre compte de l'ensemble des « crises » du bas Moyen Âge.

Une population décimée

Les premiers signes d'un arrêt de la croissance apparaissent dès avant la fin du XIIIe siècle. Tout donne à penser que la population de l'Europe atteint un plafond, entre 1280 et 1340. Les ressources de l'agriculture, qui ne suivent pas le rythme des naissances, ne suffisent désormais plus.

Les rendements agricoles, qui avaient considérablement augmenté depuis le Xe siècle, stagnent. L'espace cultivé, quant à lui, ne peut plus s'étendre. La période des défrichements prend fin et on peut parler maintenant d'une Europe « pleine » : la couverture forestière, qui deux siècles auparavant donnait une allure encore sauvage à beaucoup de régions, surtout au nord et à l'est du continent, est partout atteinte. Princes et seigneurs se doivent d'en réglementer la préservation afin de conserver leurs précieux territoires de chasse bien sûr, mais aussi afin d'assurer l'approvisionnement en bois de construction et de chauffage. Plus question, dès lors, de défrichements.

Devant la multiplication du nombre de familles, une solution demeure : le morcellement des propriétés. Mais il y a une limite aussi à diviser les terres. La plupart des exploitations paysannes au commencement du XIVe siècle, en Angleterre, en France et en Italie, ne dépassent guère un ou deux hectares de superficie. C'est trop peu pour nourrir convenablement des familles où le taux de natalité reste élevé. D'autant plus que les prélèvements de toute nature, ceux des seigneurs, ceux de l'Église et ceux de l'État, ne cessent de s'alourdir.

La coutume rurale traditionnelle offrait depuis toujours aux villageois les plus pauvres un minimum de ressources : tous avaient le droit d'aller *glaner* aux champs (ramasser les dernières gerbes de blé) après le passage des moissonneurs. Tous pouvaient aussi envoyer leurs troupeaux paître dans les champs non encore clôturés, après les récoltes : on donnait à cette pratique le nom de *vaine pâture*. Et la plupart des communautés villageoises possédaient ou avaient l'usage de pâturages communaux où un berger entretenu à frais communs gardait les bêtes de chacun. Ainsi, sans posséder aucune terre, les plus pauvres avaient néanmoins quelques têtes de bétail qui leur procuraient du lait, du fromage et, à l'occasion, un peu de viande. Mais le surpeuplement des campagnes et l'exiguïté des terroirs de la fin du Moyen Âge provoquent un phénomène de surcharge agro-pastorale. Les communaux, encombrés, ne suffisent plus. Il y a trop de bouches à nourrir sur des exploitations trop petites en des terroirs trop exigus.

À cela s'ajoutent les caprices du climat. Les températures, au XIVe siècle, se refroidissent partout (on parle parfois d'un « petit âge glaciaire »). Des régions entières, le Groenland par exemple, sont délaissées. Il suffit alors de quelques années consécutives de froid et de fortes pluies printanières pour compromettre les récoltes. Dans les campagnes surpeuplées, on passe alors de la malnutrition à la disette, de la disette à la famine. C'est à un tel phénomène qu'on assiste en Flandre dans les années 1315-1316 et en Italie en 1340-1341. Des milliers de décès sont alors attribuables à la faim. La flambée des prix des céréales accable les survivants. Grevés de dettes énormes envers les spéculateurs et les usuriers, ils sont souvent condamnés à la pauvreté, parfois à l'errance. Ils seront les victimes toutes désignées de la grande peste qui, au milieu du siècle, décime le monde occidental.

Apparue d'abord en Sicile à la fin de l'année 1347, sur un navire venu d'Orient, la *Peste noire* constitue le plus grand événement traumatique de la période médiévale. Transmise surtout par les rats, sous forme de peste bubonique puis pulmonaire, elle est mortelle dans presque tous les cas. Elle progresse de l'Italie vers le nord et l'est de l'Europe, atteignant Paris au milieu de l'année 1348, Londres au commencement de 1349, les pays scandinaves plus tard encore. Les populations désemparées ne savent guère comment réagir, résignées souvent devant un mal qu'on attribue volontiers à la colère divine, châtiment des péchés du monde. Les médecins assistent au mieux, incapables de soigner un mal qu'ils expliquent par la corruption de l'air. Du moins sont-ils conscients qu'il convient d'isoler les malades, de brûler leurs vêtements et leurs effets personnels, de chercher, à la campagne, si on en a les moyens, un air moins vicié que celui de la ville ou du village. Hormis ceux qui ont pu ainsi se retirer du monde, la peste frappe sans discrimination : riches et pauvres, jeunes et vieux, citadins et ruraux sont touchés dans des proportions affolantes. De trente à quarante pour cent de la population européenne succombe en quelques mois : plusieurs millions de victimes. Quelques régions sont presque miraculeusement épargnées mais d'autres, les plus pauvres souvent, perdent jusqu'aux trois quarts de leur population. Des villages entiers sont décimés, d'autres sont abandonnés par des survivants trop peu nombreux pour y maintenir une vie collective.

La peste agit également sur les mentalités. On recherche des coupables. Les juifs, déjà honnis dans les campagnes pour leurs activités de prêt à intérêt, toujours montrés du doigt par l'Église, sont bientôt accusés d'avoir empoisonné les fontaines. Ici et là, en Espagne, en Provence et en Allemagne, des massacres préfigurent les sinistres *pogroms* de l'époque moderne. On cherche à expier aussi : des processions de dévôts, les *flagellants,* parcourent les villes de France et d'Allemagne pour inviter les populations à faire pénitence. La spiritualité et l'art même sont touchés : les représentations de la *crucifixion,* de *danses macabres* et du *Jugement dernier* se multiplient sur les murs des églises, dans une dévotion pathétique qui s'explique à la fois par ce climat d'inquiétude devant la mort et par une prise de conscience de la solitude de l'individu trop souvent déraciné de son groupe familial. Plusieurs retours de la peste, après le milieu du XIVe siècle, moins catastrophiques heureusement, entretiennent cependant un climat de perpétuelle insécurité.

Les révoltes des humbles

Cet arrêt de la croissance démographique et économique nourrit un climat propice à toutes les luttes sociales, en ville comme à la campagne. Les villes avaient toujours été le lieu de nombreux conflits entre différentes factions pour l'exercice du pouvoir. Fréquents en Italie, ces conflits opposent volontiers différents clans familiaux et aboutissent un peu partout à la naissance de véritables partis politiques. Mais à partir de la fin du XIIIe siècle, des tensions émergent, fondées sur une conscience de l'inégalité sociale. Ce sont d'abord les artisans dans les villes, pas nécessairement pauvres mais exclus du pouvoir, qui manifestent. Petit peuple face au « peuple gras » des marchands et des banquiers, ils réussissent jusqu'à un certain point à démocratiser la vie municipale : ainsi en va-t-il en Flandre comme à Florence dans les dernières années du XIIIe siècle. Mais de nombreuses insatisfactions demeurent et durant les premières décennies du XIVe siècle éclatent en plusieurs endroits des révoltes qui préfigurent les années révolutionnaires de la seconde moitié du siècle.

En effet, les années qui suivent les premières grandes famines et la peste noire portent à son paroxysme un courant égalitariste et démocratique issu du petit peuple et souvent encouragé par des factions déviantes du clergé. Les enjeux sont partout semblables. En France en 1358, un sentiment de colère anti-seigneuriale amène de très nombreux paysans (les *Jacques,* comme on les appelait avec dérision) à massacrer des nobles et à brûler leurs châteaux. La répression qui suit a beau être exemplaire par sa violence, le mécontentement persiste. Dans les années 1380, ce sont les pauvres des villes qui prennent les armes dans plusieurs régions. À Florence en 1378, les *ciompi,* petits ouvriers de l'industrie drapière, s'emparent momentanément du pouvoir et tentent de fonder un régime politique beaucoup plus démocratique. En Angleterre, la révolte des paysans de 1381 est animée du même esprit. Derrière un refrain resté célèbre (« Quand Adam bêchait et Ève filait, où donc était le gentilhomme ? »), c'est un programme de lutte contre les excès des seigneurs, des grands officiers royaux, de l'Église même (en plein schisme) qui se profile. Un courant de protestation aussi contre des impôts jugés excessifs, dilapidés en de vaines guerres. Mais plusieurs (les *lollards* anglais, les *taborites* tchèques), imprégnés des idées évangéliques sur la pauvreté qui circulent partout en Occident, vont beaucoup plus loin, prônant une mise en commun de leurs biens, un égalitarisme absolu et une suppression des propriétés de l'Église.

Permanence de la guerre

Il faut dire que la guerre, omniprésente à partir du milieu du XIVe siècle, contribue fortement à échauffer les esprits et à véhiculer l'idée selon laquelle les dirigeants laïcs sont tout aussi divisés que les chefs spirituels. De toutes les guerres de la fin du Moyen Âge, la plus remarquable est évidemment la *guerre de Cent Ans* qui, de 1337 à 1453, oppose la France et l'Angleterre. Ce conflit fameux tire son origine des prétentions des rois d'Angleterre sur certaines régions du Sud-Ouest français (la Guyenne) et de leur volonté de prendre la succession des rois de France à la suite des multiples problèmes successoraux des *rois maudits,* les enfants de Philippe le Bel (Louis X, Philippe V et Charles IV). Ces trois frères, en effet, ne règnent que pendant quatorze ans et ne laissent aucune descendance masculine en ligne directe. En toute logique, Édouard III d'Angleterre, petit-fils de Philippe le Bel par sa mère, prétend donc hériter de la couronne royale française. Ponctuée de défaites parfois humiliantes pour la France (Poitiers, 1356, et Azincourt, 1415), la guerre se déroule presque entièrement en territoire français et les dégâts matériels y sont considérables. Pour ajouter aux malheurs du pays, le roi Charles VI lui-même est atteint à partir de 1392 de crises de folie récurrentes qui, progressivement, affaiblissent son pouvoir tout en libérant les ambitions des princes de son entourage. Partiellement occupée par les Anglais, la France est désormais déchirée par une véritable guerre civile entre les partis *armagnac* et *bourguignon* qui, dans les années 1420, entraîne le pays et son gouvernement au bord du gouffre. Mais cet état de crise nourrit un sentiment national nouveau autour de la personne du roi. L'émergence d'une personnalité forte, prophétique même, incarnée par Jeanne d'Arc, cristallise la volonté de résistance puis de reconquête territoriale. Que Jeanne d'Arc elle-même ait été condamnée au bûcher en 1431, pour cause d'hérésie, ne fera qu'accélérer cet effort. L'union retrouvée entre Armagnacs et Bourguignons après 1435 permet d'amorcer le redressement politique et militaire qui accélère le retour de la paix.

Mais cette guerre est loin d'être le seul conflit de l'époque. L'Espagne, la Provence, l'Angleterre et l'Italie, tour à tour, sont déchirées par des luttes successorales ou des conflits territoriaux de toute nature. La guerre devient endémique, en partie parce que toute une classe noble, appauvrie par les diminutions de ses revenus seigneuriaux, recourt au métier des armes pour tenir son rang. En partie aussi parce que les ressources nouvelles de l'impôt, désormais universellement répandu, permettent aux États et aux princes territoriaux d'accorder une solde à leurs combattants, depuis les plus éminents seigneurs jusqu'aux *brigands* de modeste origine. Et ces brigands, lorsqu'on n'a plus besoin d'eux, se répandent dans les campagnes et se livrent au pillage pour assurer leur subsistance, ajoutant aux troubles d'une paysannerie décidément malmenée en ces années si difficiles.

La prolifération des opérations militaires n'est pas sans conséquence sur la civilisation de l'époque. L'architecture urbaine et villageoise en est transfigurée. Les villages mal défendus, les hameaux isolés, disparaissent. Seuls subsistent villages fortifiés et forteresses capables de résister aux assauts des *bombardes,* ces rudimentaires bouches à feu que l'introduction de la poudre à canon a permis d'ajouter à l'arsenal militaire occidental. Les villes elles-mêmes consacrent jusqu'à plus de la moitié de leur budget à la construction et à l'entretien des remparts sans lesquels aucune sécurité ne serait possible. Les vestiges de ces travaux, visibles aujourd'hui à Carcassonne ou à Avignon, permettent d'imaginer l'allure des villes fortes de l'époque. L'art et le costume militaire aussi évoluent : de ces temps troublés datent les premières lourdes armures de plaques de métal, les interminables sièges de places imprenables et les *tournois* transformés en joutes de chevalerie.

La reconstruction

Avant le milieu du XVe siècle apparaissent les premiers signes d'une reconstruction de l'Europe. Ayant atteint son point le plus bas, la population recommence à augmenter. L'hécatombe de la période précédente a laissé aux survivants des terres moins exiguës. Pour remettre ces exploitations en valeur avec des bras moins nombreux, on innove partout. Les Italiens introduisent des cultures nouvelles, de meilleur rendement : le mûrier (et le ver à soie dont il est l'hôte), les orangers et les citronniers, le coton, autant de plantes importées d'Orient que l'on acclimate progressivement. Les ingénieurs toscans et lombards s'intéressent aux problèmes d'irrigation et aménagent digues et canaux. Anglais et Espagnols investissent massivement dans l'élevage du mouton pour relancer l'industrie lainière. Cette mutation agricole fera la fortune de l'Angleterre moderne, au détriment de la petite paysannerie. Car pour nourrir des troupeaux de plus en plus importants, les seigneurs fonciers commencent à s'approprier les anciens pâturages communaux qu'ils entourent de clôtures (c'est le mouvement des *enclosures*), privant ainsi les plus pauvres d'une ressource indispensable.

La reconstruction touche aussi l'État. Pourvus de ressources régulières, entretenant parfois des armées permanentes, les États de la fin du Moyen Âge sont à l'aube de l'absolutisme. Rois de France, de Bohême ou de Castille, princes des villes italiennes (les Visconti à Milan, les Medicis à Florence), après avoir construit ou rétabli leur autorité, se dispensent volontiers de convoquer les assemblées, les conseils ou les parlements qui leur avaient permis de tant accroître leur pouvoir à partir du XIIIe siècle. Sauf en Angleterre où le parlement réussit très tôt à partager les prérogatives de la souveraineté royale, partout le courant démocratique qui avait submergé l'Europe au XIVe siècle entre dans une longue phase de léthargie. Le temps de l'arrogance d'un Machiavel (*Le Prince,* premier grand texte de l'absolutisme, date de 1513) n'est pas loin.

Le nouveau monde de la culture

Du grand essor des XIIe et XIIIe siècles aux remises en question des XIVe et XVe, la culture subit des transformations considérables. Les clercs, certes, maintiennent un rôle prépondérant dans la vie intellectuelle par le biais des écoles puis des universités, mais ils ne sont plus seuls. Les seigneurs, grands et petits, accueillent des trouvères et des jongleurs qui s'adressent d'abord à la petite chevalerie qu'ils entretiennent de ses préoccupations immédiates : l'amour, le mariage et la guerre. Dans les villes, marchands, bourgeois et officiers royaux veulent imiter le genre de vie et la culture de l'aristocratie. Cette diversification des horizons transforme en profondeur le vieil héritage culturel des carolingiens et prépare la Renaissance déjà bien engagée au milieu du XVe siècle.

De l'école à l'université

Au XIe et surtout au XIIe siècle, autour des évêques et des chanoines, des écoles s'étaient développées qui avaient pris le relais des vieux monastères bénédictins dans la formation des clercs et d'un certain nombre de laïcs. À Orléans ou à Paris, à Canterbury ou à Cologne, des maîtres enseignaient les arts libéraux et appliquaient la méthode du raisonnement *dialectique* à l'étude de la nature, de l'homme et des textes sacrés même. C'est dans un tel milieu qu'apparaissent les grands intellectuels du XIIe siècle : Pierre Lombard (v. 1095-1160) dont le *Livre des Sentences* s'impose bientôt comme le grand manuel des études de théologie jusqu'à la fin du Moyen Âge ; Pierre Abélard (1079-1142) surtout, dont les enseignements audacieux, bientôt condamnés par l'Église, ont fait la renommée durable des écoles de Paris.

Très vite, maîtres et étudiants se sentent à l'étroit dans le cadre des écoles épiscopales. Au sens matériel : ceux de Paris occupent progressivement tout un quartier de la rive gauche de la Seine (le *Quartier latin*) ; au sens intellectuel principalement : pour atténuer le contrôle des évêques sur l'enseignement ou pour garantir leur indépendance par rapport aux magistrats urbains, les *écoliers* s'organisent en corporations (*universités*) de maîtres et d'étudiants et se donnent des statuts réglant jusque dans le détail les cours, les manuels, les examens et même la tenue vestimentaire. Cette émancipation ne va pas sans peine et elle n'est véritablement atteinte qu'après de véritables « grèves » dont certaines durèrent plusieurs années.

Les plus anciennes de ces universités sont celles de Paris et d'Oxford réputées dès la fin du XIIe siècle pour l'enseignement des arts libéraux (bientôt considérés comme une sorte de premier cycle universitaire) et de la théologie ; celle de Bologne, pour l'enseignement du droit (où les étudiants, particulièrement organisés, sont virtuellement maîtres de l'institution) ; celles enfin de Salerne en Italie et surtout de Montpellier en Languedoc, pour l'étude de la médecine. Dès le XIIIe siècle, puis en très grand nombre par la suite, se multiplient les fondations nouvelles, par « émigration » de maîtres ou d'étudiants (ainsi Cambridge à partir d'Oxford ou Padoue à partir de Bologne) ou par la volonté des princes laïcs et ecclésiastiques. Le pape fonde l'université de Rome, l'empereur celle de Prague et ainsi de suite. La plupart de ces institutions offrent des enseignements diversifiés (arts, théologie, médecine et droit), mais c'est décidément l'enseignement du droit qui attire le plus grand nombre d'étudiants en raison de la multiplication des professions juridiques dans l'Église, dans les villes et dans l'État.

Le milieu universitaire de l'époque est remarquable à la fois par sa curiosité et par son esprit systématique. Les maîtres de théologie du XIIIe siècle n'hésitent pas à se lancer dans l'étude des grands textes d'Aristote, récemment retrouvés, malgré les apparentes contradictions entre la pensée du philosophe grec et le dogme chrétien. La figure de saint Thomas d'Aquin (1225-1274), qui enseigna à l'Université de Paris, domine de toute sa hauteur le monde intellectuel de son temps. C'est que ce grand théologien sut concilier l'aristotélisme et la foi chrétienne, fondant de ce fait une philosophie capable de se détacher progressivement de la théologie. D'autres maîtres, surtout à Oxford, avec Roger Bacon (v. 1220-1292), s'intéressent aux sciences et jettent les premières bases de la méthode expérimentale. Comme le font à la même époque les professeurs de médecine, qui osent braver les vieux tabous de l'Église en organisant des séances de dissection d'animaux dans leurs cours. Pour maîtriser cette masse de connaissances accumulées, les universitaires innovent partout. Ils recourent systématiquement au livre et à l'écriture, ce qui fait la fortune des premiers libraires. Ils compilent dictionnaires, index et catalogues, rédigent aussi bien des manuels ou des aide-mémoire que d'ambitieuses *sommes* ou *miroirs,* précurseurs de nos encyclopédies modernes. Ils affinent, enfin, la méthode du raisonnement dialectique par l'introduction de subtilités telles qu'on parlera désormais d'un raisonnement *scolastique,* parfois exagérément compliqué.

Mais cette pensée scolastique que l'on a souvent décriée n'empêche pas l'éclosion dans les milieux universitaires des derniers siècles du Moyen Âge d'œuvres très originales : mentionnons simplement l'Italien Marsile de Padoue (v. 1275-v. 1343) et l'Anglais Guillaume d'Ockham (v. 1285-v. 1349) : tous deux très critiques à l'égard des abus de leur temps. Le premier pose les fondements d'une science politique moderne, le second renouvelle en profondeur le raisonnement logique en philosophie.

Les cours princières

Tout autre est le milieu culturel des cours princières qui s'épanouit pourtant à la même époque, à partir du XIIe siècle. Dans la grande salle du château, des conteurs itinérants que l'on appelle *troubadours* en pays de langue provençale, *trouvères* en pays français content en les adaptant au goût du jour des histoires d'amour et d'aventures, récits souvent issus des vieux fonds de légendes transmises oralement. Les troubadours du Midi, influencés sans doute par la poésie de l'Espagne musulmane toute proche, introduisent une conception nouvelle de l'amour *courtois,* dévotion chevaleresque envers une dame souvent distante mais qui sait récompenser les prouesses et les vertus du plus méritant. À une époque où les mariages sont avant tout affaire d'argent et de lignage, cette perception nouvelle des relations entre homme et femme paraît audacieuse. Elle s'imposera, à long terme, dans la civilisation occidentale. Quant aux récits d'aventures, ces *épopées* à connotation fortement militaire, ils racontent évidemment les prouesses de Charlemagne (l'anonyme *Chanson de Roland,* premier grand texte de la littérature française, mise par écrit vers 1100), mais surtout celles du roi Arthur, du prophète Merlin et des preux chevaliers Perceval ou Lancelot. Imprégnés de l'esprit courtois venu du Sud, parfois enrichis d'une mystique quête du *Saint-Graal* (le vase légendaire dans lequel aurait été recueilli le sang du Christ), de tels récits sont continuellement réécrits et adaptés dans plusieurs langues. Des auteurs du milieu du XIIe siècle, tels Chrétien de Troyes à la cour de Champagne ou Marie de France à la cour d'Angleterre, sont ainsi à l'origine de la littérature moderne de divertissement.

Aux derniers siècles du Moyen Âge, l'entourage des princes laïcs s'affirme de plus en plus comme un lieu de culture intellectuelle. Le roi de France, Charles V, surnommé le « sage », c'est-à-dire le savant, fonde une bibliothèque dans son palais ; il commandite des traductions en français des grands ouvrages philosophiques ou théologiques et reçoit le fameux *Atlas catalan,* somme des connaissances de la géographie maritime de l'époque. Rois et empereurs, ducs et princes de la chrétienté ne font pas autrement, qui tous comprennent l'importance pour le pouvoir de maîtriser les outils du savoir. Comme le veut l'adage de l'époque, « un roi ignorant est comme un âne couronné » !

Du château et de la cour à la ville, la littérature s'enrichit de thèmes nouveaux et se répand un peu partout en Europe. Le bas Moyen Âge voit une véritable explosion de la créativité dans tous les domaines : d'innombrables adaptations des vieux thèmes courtois, mais aussi des ouvrages de dévotion mystique, dans les milieux spirituels proches des ordres mendiants ; des œuvres politiques et juridiques, commentaires de coutumes ou traités de bon gouvernement à l'usage des princes ; des écrits satiriques enfin qui, comme le *Roman de Renart* ou les poèmes de Rutebeuf, n'épargnent ni les riches ni les clercs. L'Italie voit apparaître une littérature propre : Dante (1265-1321) écrit la première grande œuvre en langue italienne (*La Divine Comédie*) ; Boccace (1313-1375) rédige son *Décaméron* dans le cadre de l'Italie ravagée par la peste ; la poésie de Pétrarque (1304-1374), enfin, annonce déjà la Renaissance. Même phénomène en Allemagne, avec les grands cycles de l'épopée des *Nibelungen* (v. 1200) et en Angleterre où Geoffrey Chaucer (v. 1340-1400) donne ses lettres de noblesse à la littérature de langue anglaise, avec les célèbres *Contes de Canterbury.* Jusqu'aux humbles notaires de villages qui se piquent d'écrire de petites chroniques locales ou familiales, sous forme de mémoires personnels.

C'est que le public des lecteurs est plus nombreux et plus diversifié qu'autrefois. Nobles, juristes et marchands, plusieurs artisans, beaucoup de femmes aussi, ayant fréquenté l'école au moins quelques années, ont accès au texte écrit. Le livre est désacralisé. Produit de luxe encore, il circule cependant. On le lit à voix haute et en groupe, et il n'est plus nécessaire d'écouter le conteur professionnel pour accéder à la culture savante. Cette progression de la lecture et d'une forme élémentaire d'alphabétisation est une caractéristique remarquable des derniers siècles du Moyen Âge. Elle est à mettre en parallèle avec les progrès des langues *vernaculaires* : le latin après le XIIIe siècle perd son monopole sur la culture savante et l'écriture. Dès le XIIIe siècle, les lois et les ordonnances des rois de France commencent à être promulguées en français. À la fin du Moyen Âge, seule l'Église, pour respecter le caractère sacré de ses textes et maintenir sa vocation à l'universalité, reste inconditionnellement fidèle au latin, une tradition qui se maintiendra jusqu'au milieu du siècle actuel.

L'apparition du papier, inventé en Chine au premier siècle de notre ère mais fabriqué en Europe seulement à partir du XIIIe siècle, permet de multiplier à bon prix les écritures. États et chancelleries en profitent sans délai. Les intellectuels n'y sont pas insensibles. Nombre de recherches sur les arts « mécaniques » de l'écriture aboutissent vers 1453-1455 à l'invention de l'imprimerie par Gutenberg à Mayence (Allemagne). Grâce à l'imprimerie et au papier, la culture écrite se propage encore plus rapidement : bibles et livres de prière, romans et opuscules philosophiques circulent partout. De même que les *placards,* ces premières affiches de propagande, ou les pamphlets politiques ou religieux. Les débuts de la réforme protestante au XVIe siècle sont indissociablement liés à une véritable guerre de pamphlets que seule l'imprimerie pouvait rendre possible.

Mécénat des princes, diffusion de la culture écrite, progrès de l'imprimerie : les conditions matérielles de la culture au milieu du XVe siècle sont bien différentes de ce qu'elles étaient deux siècles plus tôt. La culture elle-même s'en voit transformée. Peintres, écrivains, architectes multiplient leurs expériences à la recherche d'une expression nouvelle du rapport de l'homme au monde et à la nature. Beaucoup de ces recherches convergent vers la redécouverte et l'étude critique des valeurs de l'Antiquité gréco-romaine. Ce goût pour les auteurs anciens prend, dans certains milieux, une importance telle au XVe siècle que l'on en vient à parler d'une *renaissance* de l'Antiquité classique. Obsédés désormais par ces paramètres nouveaux de la culture, les intellectuels prennent leurs distances avec le passé plus récent. Ils marquent ainsi une rupture profonde et ont le sentiment de construire un monde nouveau. Pour eux, le *Moyen Âge,* longue époque de léthargie culturelle qui les sépare des valeurs classiques grecques et romaines, est bien terminé.

Conclusion

Le concept de *Moyen Âge* apparaît en effet dès la fin de la période en question. En 1460, un évêque italien faisant l'éloge du cardinal Nicolas de Cues mort cinq ans plus tôt parle d'un grand esprit dans ces « temps moyens ». Cette expression réapparaît dès lors souvent, sous diverses formes (« âges moyens », « siècles moyens »). À la fin du XVIIe siècle (1688), un historien allemand qui écrit en latin, Christophe Keller, systématise l'usage de l'expression (*medium ævum,* Moyen Âge) pour l'appliquer à toute la période qui va de l'empereur Constantin jusqu'à la chute de Constantinople. Keller fait école et l'expression s'enracine dans toutes les langues de l'Occident pour désigner une même réalité (anglais : *Middle Ages* ; italien : *medioevo* ; espagnol : *edad media* ; allemand : *Mittelalter*, etc.)

Ainsi donc depuis que l'on parle de Moyen Âge on perçoit une pointe de dédain (quand ce n'est pas du mépris). Mais il y a des exceptions remarquables. Ainsi en pleine période romantique au XIXe siècle, Victor Hugo soulève l'enthousiasme de ses lecteurs pour la grande fresque médiévale que constitue son roman *Notre-Dame de Paris,* et dans le monde anglo-saxon le Moyen Âge suscite une curiosité passionnée dans un vaste élan qui, sous le nom de *Gothic Revival,* regroupe aussi bien les romans historiques de Walter Scott, l'engouement pour les légendes arthuriennes et la construction, à partir du milieu du siècle, d'innombrables églises et édifices publics dans le plus pur style gothique (dont l'exemple le plus frappant au Canada est probablement l'édifice du parlement à Ottawa).

En cette fin de XXe siècle, le Moyen Âge de nouveau nous interpelle mais de la façon la plus équivoque : Moyen Âge noir, de la peur et des ténèbres (dans le film d'Ingmar Bergman, *Le Septième Sceau,* 1956) ; Moyen Âge de la magie et du mystère dans les romans arthuriens de Marion Zimmer Bradley (*Les Dames du Lac* ; *Les Brumes d'Avalon*, 1982) ; Moyen Âge de la guerre chevaleresque (le film *Excalibur* de John Boorman, 1981) ou d'une certaine féminité idéalisée (romans de Jeanne Bourin, notamment *La Chambre des dames,* 1979). Dans tout cela où est le vrai Moyen Âge, et d'abord existe-t-il ? Force est de constater que toutes ces interprétations modernes ne sont que des regards subjectifs. Le vrai Moyen Âge, celui qu'historiens et archéologues tentent de reconstituer, invite à un jugement plus nuancé. Ses guerres paraissent bien innocentes à côté des hécatombes et génocides du XXe siècle. Sa foi est certes exubérante, mais les débordements de l'Inquisition et de la chasse aux sorcières sont commis aux XVIe et XVIIe siècles, pas au temps de Charlemagne ni de Saint Louis. Ne le jugeons donc pas avec trop de sévérité. Mais n'en faisons pas non plus le lieu d'un paradis perdu. La vie matérielle y est pénible et les injustices et les oppressions sont nombreuses. Certes apparaissent alors les prémisses de la démocratie moderne, mais ce n'est pas avant le XIXe et le XXe siècle que l'on en tirera tous les bénéfices ; certes l'amour et l'esprit courtois valorisent la femme à partir du XIIe siècle, mais celle-ci reste longtemps encore prisonnière du carcan des préjugés tenaces des hommes d'Église.

S'il faut en un paragraphe résumer l'apport du Moyen Âge à la formation de notre monde moderne, c'est sur la naissance du monde occidental qu'il convient d'insister. Né de la très lente fusion des traditions de l'Antiquité gréco-romaine et de celles des mondes germano-celtiques primitifs, fécondé par les valeurs de la religion chrétienne, le monde occidental au sein duquel nous vivons prend forme en Europe entre le ve et le xve siècle. Si ses valeurs sont aujourd'hui souvent remises en question, il n'est pas étonnant qu'on se penche avec tant de curiosité sur la période de sa genèse.

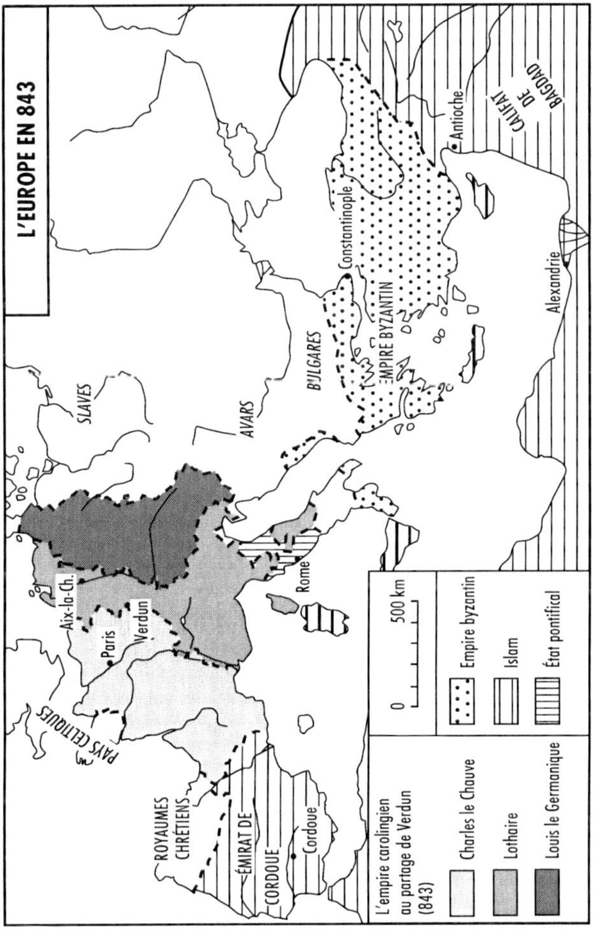
L'EUROPE EN 843
ROYAUMES CHRÉTIENS
PAYS CELTIQUES
ÉMIRAT DE CORDOUE
Cordoue
Paris
Aix-la-Ch.
Verdun
Rome
SLAVES
AVARS
BULGARES
EMPIRE BYZANTIN
Constantinople
Antioche
CALIFAT DE BAGDAD
Alexandrie
0
500 km
L'empire carolingien au partage de Verdun (843)
Charles le Chauve
Lothaire
Louis le Germanique
Empire byzantin
Islam
État pontifical

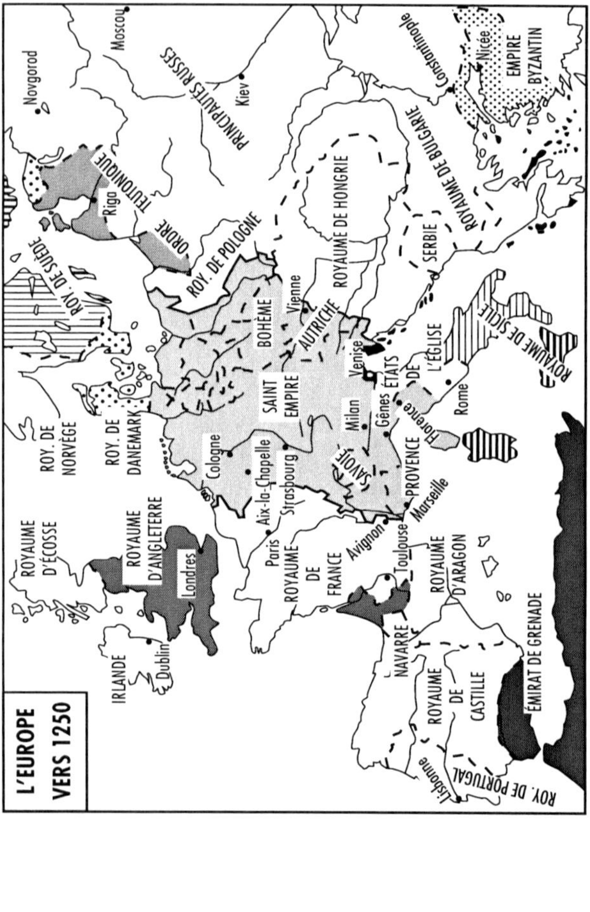
L'EUROPE
VERS 1250
IRLANDE
Dublin
ROYAUME
D'ÉCOSSE
ROYAUME
D'ANGLETERRE
Londres
ROY. DE
NORVÈGE
ROY. DE
DANEMARK
ROY. DE SUÈDE
ORDRE
TEUTONIQUE
Riga
Novgorod
Moscou
PRINCIPAUTÉS RUSSES
Kiev
ROY. DE POLOGNE
BOHÊME
Vienne
AUTRICHE
ROYAUME DE HONGRIE
SERBIE
ROYAUME DE BULGARIE
Constantinople
Nicée
EMPIRE
BYZANTIN
SAINT
EMPIRE
Cologne
Aix-la-Chapelle
Strasbourg
Paris
ROYAUME
DE
FRANCE
Milan
Venise
Gênes
Florence
SAVOIE
PROVENCE
Marseille
Avignon
Toulouse
ÉTATS
DE
L'ÉGLISE
Rome
ROYAUME DE SICILE
ROYAUME
D'ARAGON
NAVARRE
ROYAUME
DE
CASTILLE
ÉMIRAT DE GRENADE
Lisbonne
ROY. DE PORTUGAL

Bibliographie

Balard, Michel, Jean-Philippe Genêt et Michel Rouche, *Le Moyen Âge en Occident,* Paris, Hachette, « Collection Hachette Supérieur », 1990.

Delort, Robert, *La Vie au Moyen Âge,* Paris, Seuil, « Points-Histoires », H62, 1982.

En collaboration, *Nouvelle histoire de la France médiévale,* 5 vol., Paris, Seuil, « Points-Histoire », H201-205, 1990.

Fédou, René *et al., Lexique historique du Moyen Âge,* 2e éd., Paris, Armand Colin, Collection « U », 1989.

Fossier, Robert (dir.), *Le Moyen Âge,* 3 vol., Paris, Armand Colin, 1982-1983.

Le Goff, Jacques, *La Civilisation de l'Occident médiéval,* Paris, Arthaud, « Les grandes civilisations », 1984.

Vincent, Catherine, *Introduction à l'histoire de l'Occident médiéval,* Paris, Librairie Générale française, « Le Livre de Poche », 1995.

Pour des connaissances plus spécialisées, on abordera le Moyen Âge par le biais de plusieurs ouvrages collectifs ou par celui de grandes collections accessibles en langue française.

Histoire de la France rurale, Paris, Seuil, depuis 1975.

Histoire de la France urbaine, Paris, Seuil, depuis 1980.

Histoire de la vie privée, Paris, Seuil, 1985.

Histoire du christianisme, Paris, Desclée-Fayard puis Desclée seul, depuis 1990.

La Collection « U » (Paris, Armand Colin) offre plusieurs manuels excellents à l'intention des étudiants de l'enseignement supérieur, tandis que la collection « Nouvelle Clio » (Paris, Presses Universitaires de France), par la richesse de son contenu et l'ampleur de ses bibliographies, est l'indispensable point de départ de tout travail approfondi sur cette période.

Plusieurs éditeurs offrent en collection de poche, dans la langue d'origine ou en traduction ou adaptation française, les grands textes historiques et littéraires du Moyen Âge : *La Chanson de Roland, Le Roman de la Rose,* les romans arthuriens, mais aussi le très évocateur *Journal d'un bourgeois de Paris de 1405 à 1449* (éd. C. Beaune, Paris, Le Livre de Poche, coll. « Lettres gothiques », 1990) ou *Le Livre des Merveilles* de Gervais de Tilbury (éd. A. Duchesne, Paris, Les Belles-Lettres, coll. « La Roue à livres », 1992).

Dans la collection « Boréal express »

1. Bernard Dionne, *Le Syndicalisme au Québec*
2. Marcel Jean, *Le Cinéma québécois*
3. Réjean Beaudoin, *Le Roman québécois*
4. Renée Dupuis, *La Question indienne au Canada*
5. Luc Bernier et Carolle Simard, *L'Administration publique*
6. Édith Madore, *La Littérature pour la jeunesse au Québec*
7. Lorraine Pilette, *La Constitution canadienne*
8. Fernande Roy, *Histoire des idéologies au Québec*
9. Mira Falardeau, *La Bande dessinée au Québec*
10. Julien Bauer, *Les Minorités au Québec*
11. André Bernard, *Les Institutions politiques au Québec et au Canada*
12. Yves Boisvert, *Le Postmodernisme*
13. Janick Auberger, *Le Monde gréco-romain*
14. Michel Hébert, *Le Moyen Âge*
15. François Guérard, *Histoire de la santé au Québec*
16. François-Pierre Le Scouarnec, *La Francophonie*
17. Andrée Dufour, *Histoire de l'éducation au Québec*
18. Madeleine Greffard et Jean-Guy Sabourin, *Le Théâtre québécois*
19. Ginette Durand-Brault, *La Protection de la jeunesse au Québec*
20. Claude Sutto, *La Renaissance*
21. François Dumont, *La Poésie québécoise*
22. Michel De Waele, *L'Europe aux XVIIe et XVIIIe siècles*
23. Janick Auberger, *Les Athéniens à l'époque classique*
24. Francis Dupuis-Déri, *L'Altermondialisme*
25. Michel Biron, *Le Roman québécois*

MISE EN PAGES ET TYPOGRAPHIE :
LES ÉDITIONS DU BORÉAL

CE CINQUIÈME TIRAGE A ÉTÉ ACHEVÉ D'IMPRIMER EN SEPTEMBRE 2012
SUR LES PRESSES DE MARQUIS IMPRIMEUR
À CAP-SAINT-IGNACE (QUÉBEC).